Claude Reboul

CROISIERES PARISIENNES

...et autres

Les Presses Du Midi

ISBN 2-87867-021-3

AVANT-PROPOS

Le petit monde de la plaisance est en ébullition ! Alors que, voici vingt ans à peine, rivières et canaux n'étaient connus en fait de loisirs que par les pêcheurs à la ligne, quelques aventuriers du kayak et des yachtmen britanniques, la flotte de location fluviale actuelle équivaut désormais à sa rivale maritime en nombre d'unités et en journées de location, tandis que chaque été voit circuler sur nos "chemins d'eau" un nombre accru de plaisanciers (on ne se bouscule pas encore aux écluses, rassurez-vous).

Les raisons de cet engouement soudain sont multiples : surpopulation estivale des franges côtières, arrêt des programmes d'extension portuaire, pollution des eaux littorales, prise de conscience de la beauté des paysages intérieurs, désir de retour à la nature, recherche des valeurs de la "France profonde", ou, plus prosaïquement... crainte du mal de mer.

Pour répondre à cette demande nouvelle, certains chantiers navals ont entamé (avec beaucoup de circonspection, car leurs précédentes tentatives s'étaient soldées, avec l'essai des premiers house-boats, par des bides retentissants) la construction de vedettes de rivière. D'autres, plus hardis, envisagent de lancer des unités mixtes mer-rivière. Si, à notre humble avis, la première démarche est à terme vouée à l'échec, parce qu'elle ne satisfait vraiment que les loueurs de bateaux, la seconde est déjà plus intéressante, car elle prend en compte un fait capital, apparemment ignoré jusqu'à ce jour : la navigation (de plaisance tout au moins) constitue un tout, et il est ridicule de concevoir des bateaux de loisir exclusivement réservés à la rivière alors que d'autres sont uniquement destinés à la mer. Toutefois, cette deuxième approche n'est pas non plus entièrement satisfaisante : elle néglige un facteur important, la propulsion. Si, en effet, la navigation intérieure s'effectue maintenant surtout au moteur, diesel de préférence, il serait bien dommage de négliger en mer, et parfois sur les plans d'eau douce, l'apport gratuit et écologique fourni par le vent. Il ne s'agit pas de réaliser un voilier de compétition de plus, mais bien ce mouton à cinq pattes que, jusqu'à présent, personne n'a vraiment cherché à étudier sérieusement : le caboteur-mer-rivière "à voile et à vapeur", simple, solide, confortable et sûr (et pas trop cher, si possible).

Heureusement, le patron-plaisancier tant soit peu organisé peut remédier à cet état de chose en modifiant certaines productions du marché actuel, tout en attendant la naissance de modèles de conception nouvelle.

A la barre de son mouille-cul ou de son paquebot, il reste donc à notre homme à se lancer sur les ondes, de préférence après une période d'apprentissage point trop longue ni pénible.

S'il a la chance d'habiter près d'un plan d'eau, salé ou non, pas de problème et, s'il hante Paris ou ses environs, il a… la Seine et ses affluents. En fait, la construction d'une darse de plaisance dans le bassin de l'Arsenal a fait de la capitale un port de mer en 1983 : Le Havre est à quatre journées de traversée, seulement.

C'est donc surtout au Parisien et au Banlieusard, d'origine ou d'occasion, que ces pages s'adressent en priorité. Elles lui permettront d'adapter son programme de navigation à son expérience, au temps dont il dispose, au bateau qu'il possède, et enfin au budget qu'il entend y consacrer. Nous pouvons lui assurer qu'il ne regrettera pas de troquer le volant de son automobile contre le macaron [(1)] d'un yacht de cinq ou de quinze mètres.

CHAPITRE I
PRÉLUDE À LA CROISIÈRE

Si vous êtes un "éléphant" comme disent les marins, ou quelqu'un "d'à terre" comme disent les mariniers, un minimum de précautions s'imposent avant de vous lancer à la conquête des flots.

La Seine du pont d'Iéna est infiniment moins dangereuse que l'autoroute du sud, mais il ne s'agit pas cependant de couper sans préavis la route d'un convoi poussé de 3 000 tonnes. Le code fluvial et le code maritime sont moins compliqués que le code de la route, mais ils doivent être connus pour éviter les mésaventures. Si la puissance de votre moteur dépasse 10 CV, vous devrez d'ailleurs passer un permis pour la rivière et un autre pour la mer. Les bateaux-écoles abondent et vous feront acquérir les connaissances de base indispensables en quelques jours[(2)].

Munis (ou non, suivant la puissance du moteur de votre futur navire) du permis de conduire adéquat, vous aurez intérêt à commencer votre carrière de navigateur par une période de location. Quelques jours passés en croisière à la barre d'une unité louée vous permettront de vous familiariser avec les courants, les péniches et les écluses, sans risquer d'érafler la peinture de votre coque toute neuve.

A propos d'écluses, et au risque de choquer certains lecteurs, je dirai tout net que je les considère comme un mal nécessaire : c'est malheureusement le seul moyen connu pour grimper en naviguant de la plaine sur la colline. Bien entendu, cela n'enlève rien au sérieux des éclusiers, ni au charme des éclusières, personnages généralement sympathiques et compétents, mais, pour ma part, moins je franchis d'écluses en croisière, et plus je suis content. Mon bateau est du même avis, car les bajoyers (parois de l'écluse) salissent sa coque, les manœuvres fatiguent ses commandes de marche avant et d'inverseur, et son moteur se passerait de longues séances de point mort au ralenti. Le pire dans ce domaine est constitué par les chaînes d'écluses automatisées, sans éclusier, et dont les radars ignorent superbement le plastique de nos vaisseaux ; heureusement ces (relatives) innovations sont encore peu nombreuses, et surtout localisées dans l'Est de notre pays.

En ce qui concerne la navigation maritime envisagée pour des croisières mixtes, il ne s'agit pas de traverser l'Atlantique en solitaire, ni même de relier directement le continent à l'île de Beauté, mais d'apprendre les rudiments du cabotage diurne permettant de s'aventurer par temps maniable le long de nos côtes, et de franchir dans de bonnes conditions les passages les plus brefs de la Manche pour visiter les côtes de l'Angleterre Méridionale.
La Manche-Est, où nous allons tremper notre quille, n'est pas une mer aussi attirante que la Méditerranée, il serait vain de le contester : le temps n'y est pas toujours clément et les courants y sont généralement forts. Il est indispensable de se familiariser avec les phénomènes de marée avant de se lancer dans la promenade côtière. Quelques heures de lecture et quelques séances d'entraînement sur les lieux en compagnie de "pratiques" de la région devraient suffire à procurer les rudiments de connaissance nécessaires : science des niveaux de la mer, lecture de guides et cartes marins, utilisation du compas, du sondeur, du loch et du radio-goniomètre, compréhension des signaux visuels et sonores. Si l'on veut utiliser la voile, même à titre d'appoint, il est recommandé d'effectuer préalablement un stage d'initiation dans l'un

des multiples centres et clubs qui ponctuent le littoral.
Toute sévère que puisse paraître la Manche, elle possède un gros avantage sur la Grande Bleue : le mauvais temps prévient presque toujours. Ceux qui ont été surpris le long des côtes provençales par un coup de mistral, alors qu'ils étaient en train de faire trempette, apprécieront sûrement la différence.
Il reste maintenant à équiper notre bateau, au plus juste prix, des éléments de sécurité (hélas) réglementaires, mais surtout nécessaires. Le plus juste prix, dans ces conditions fluvio-maritimes, s'appelle "cinquième catégorie"(3), qui permet de s'aventurer sur tous les plans d'eau intérieurs et à cinq milles (près de dix kilomètres) d'un abri, en mer. Si vous avez l'intention de visiter la perfide Albion, il faudra y ajouter quelques éléments dont l'onéreuse, l'encombrante, la fragile, la peu justifiable annexe pneumatique de survie à gonflement (pas toujours) automatique. Il peut sembler préférable, dans ce dernier cas, de louer le fameux "bib" ou de se le faire prêter pour la durée de la croisière. Mais alors, attention aux dates de vérification de l'engin et aux visites de sécurité qu'effectuera l'Administration, toujours prévenante. Notons que l'équipement de sécurité comprend "les cartes de la région considérée", soit, pour la mer, les incontournables productions du S.H.O.M.(4), et, pour l'intérieur, les guides Vagnon et ECM.

Venons-en maintenant à vos rapports avec les autres utilisateurs de la voie d'eau : mariniers, éclusiers, pêcheurs, riverains, plaisanciers et équipiers. Rien ne vous oblige, bien entendu, à "faire du social", et le (relatif) isolement du patron de plaisance lui permet souvent de se retirer du monde, s'il le désire, pour quelques heures ou quelques jours. Toutefois, il importe que les relations obligées avec certains de vos semblables soient empreintes de cordialité ou, au minimum, de savoir-vivre.

Les mariniers, d'abord : ce sont les seigneurs de la rivière et du canal. Professionnels particulièrement compétents, ils travaillent au moins douze heures par jour en navigation, et ont une absolue priorité aux écluses sur les amateurs que nous sommes ; habituellement accueillants et ouverts, ils sont parfois incommodes à croiser sur voie étroite, surtout lorsque leurs automoteurs sont chargés jusqu'aux écoutilles.
Les éclusiers manœuvrent soit des écluses géantes (Seine, Oise, Rhône), soit des ouvrages plus modestes, dont certains sont à commandes manuelles ; dans ce dernier cas, il est souvent bien vu de donner un coup de main et un pourboire de principe (rappelons que le passage des écluses est presque toujours gratuit en France, pourvu que ça dure ![5] Un brin de causette ne saurait nuire, non plus.
Les pêcheurs sont gens plus difficiles, car ils prétendent que les bateaux les gênent dans l'exercice de leur passe-temps favori. Votre arbre d'hélice, de son côté, n'apprécie guère les enlacements du solide fil nylon de leurs bas de lignes. Cependant, le plaisancier peut rester serein et sûr de son droit : la voie d'eau est d'abord une voie, et seulement ensuite une piscine à bouchons multicolores ; il s'agit donc de passer en respectant les limites de vitesse (de 6 à 30 km/heure selon les cas).

Quant aux "autochtones", d'un naturel généralement paisible, ils vous accueilleront dans leurs boutiques, leurs restaurants, ou vous regarderont passer avec curiosité. Il convient de ne pas les "braquer" par un comportement provocant ou désinvolte : il est conseillé aux plaisanciers adeptes du naturisme de ne pas choisir la croisière fluviale pour exposer leur anatomie, et aux charmantes plaisancières de garder le bas… et le haut sur les eaux intérieures. La lutte contre la pollution revêt ici une importance spéciale : il n'y a pas de meilleur moyen, pour claquer un moteur, que d'obturer la crépine d'aspiration avec une feuille de plastique ; les riverains n'apprécieraient pas non plus forcément que vous leur laissiez des bouteilles, pots vides et autres détritus en souvenir.

Les relations que vous entretiendrez avec vos frères plaisanciers dépendent de votre degré de sociabilité. Vous pouvez préférer le "paumés, mais groupés" d'un bout à l'autre de votre circuit, ou la solitude hautaine du yachtman à casquette dorée sur tranche, ou encore la croisière à deux bateaux. C'est affaire de goût, l'essentiel étant, là encore, d'agir en plaisancier civilisé et non en chauffard d'eau douce.

Il n'y a pas d'équipage-type en cabotage. Tout dépendra de la taille de votre bateau (et pas forcément du nombre de ses couchettes). Il semble peu raisonnable de naviguer longuement en solitaire, ne serait-ce que pour la manœuvre dans les écluses, et rien n'est plus frustrant que de s'entasser sur un nouvel EXODUS plaisancier. Caboter en amoureux, en copains, en famille procure de grandes joies (qui ne seront pas nécessairement partagées par votre animal familier, chien ou chat, s'il est fugueur ou craint l'embarquement).

Départ du Havre

CHAPITRE II
BATEAUX ANADROMES

Si le caboteur mixte idéal n'existe pas encore, des dizaines, et peut-être des centaines de modèles de bateaux de plaisance sont disponibles sur le marché.
Quelles sont les caractéristiques déterminantes du croiseur qui conviendra à nos escapades ? sa longueur ? non ; sa largeur ? non plus ; son poids, alors ? nenni. Le volume de votre future acquisition importe peu, à condition de ne pas dépasser 30 mètres de long, 5 mètres de large et 300 tonnes de déplacement en charge : avouez qu'il y a de la marge !
En revanche, il ne faut pas que votre tirant d'air dépasse 2 m 50 - 3 mètres, et surtout que votre tirant d'eau (ou "mouillage") dépasse 1,20 mètre (un mètre est encore préférable), sous peine de ne pouvoir passer sous tous les ponts, ni aborder où vous voudrez.

Vous pouvez utiliser un kayak pour esquimauter ; un dériveur pour dériver ; un pneumatique pour randonner ; un voilier démâté pour traverser ; un canot hors-bord pour bourdonner ; une puissante vedette pour consommer ; un house-boat pour flâner ; une péniche pour habiter. Si vous comptez croiser, au moteur quand vous voudrez et à la voile quand vous pourrez, il vous faut un bon voilier mixte, ou une vedette mixte.
Les mensurations et capacités de quelques productions courantes sont proposées dans les lignes qui suivent, dans l'ordre : longueur, largeur, mouillage, poids et nombre de couchettes.
Le prix du moteur est inclus.

1- Canots transportables (moins de 100 000 F et de 1 tonne)

- **GM 505** de Guy Marine - 4 m 90, 2 m 25, 400 kg, 2 couchettes- la moins lourde des petites vedettes, moteur hors-bord.
- **Passe-temps** de Baloin - 5 m 20, 2 m 19, 850 kg, 2 couchettes - petite et robuste vedette de pêche croisière.
- **California 550** de Bénéteau - 5 m 20, 2 m 36, 0 m 40, 600 kg, 2 couchettes - le moins cher et le plus petit voilier mixte.
- **Sérénita** de Gibert Marine - 5 m 50, 2 m 45, 0 m 55, 600 kg, 2 couchettes - valeur sûre de la catégorie, marchant bien à la voile et au moteur.
- **Edel-Fish** 20 d'Edel - 6 m, 2 m 50, 0 m 60, 700 kg, 2 couchettes - Nouveauté 1992 fort prometteuse, dotée d'un gréement original.

2- Petits croiseurs mixtes (moins de 200 000 F et plus de 6 mètres)

- **La Tortue d'ACM** - 6 m 10, 2 m 30, 1 200 kg, 2 couchettes - pêche-croisière à moteur de qualité.
- **Antarès 605** de Bénéteau - 6 m 11, 2 m 45, 0 m 80, 1 200 kg, 2 couchettes - Carène rapide à double tunnel.
- **Espace 615** d'Ocqueteau - 6 m 20, 2 m 45, 1 150 kg, 2 couchettes - pêche-croisière.
- **Drascombe Coaster** de Honnor Marine - 6 m 63, 2 m, 0 m 30, 400 kg, 2 couchettes - Carène et gréement britanniques caractéristiques.

3- Caboteurs mixtes (moins de 350 000 F et de 7 à 8 mètres)

- **Antarès 730** de Bénéteau - 6 m 90, 2 m 65, 0 m 85, 2 200 kg, 2/4 couchettes - Bonne vedette à quille longue.
- **Biloup 77** de Wrighton - 7 m 50, 2 m 50, 0 m 85, 1 500 kg, 4/6

couchettes - Voilier familial biquille.
- **Tadorne** de Latitude 46 - 8 m, 2 m 80, 0 m 70, 2 100 kg, 4 couchettes - Très joli voilier d'allure traditionnelle.

4- Navires de croisière (moins de 500 000 F et plus de 8 mètres)

- **Albatross 800** de Jeanneau - 8 m, 2 m 95, 0 m 82, 2 500 kg, 2/4 couchettes - pêche-croisière à quille longue.
- **Gib 84** de Gibert Marine - 8 m, 3 m, 0 m 85, 2 500 kg, 2 couchettes - possibilité d'aménagement du cockpit.
- **Antarès 805** de Bénéteau - 8 m 05, 2 m 95, 0 m 65, 2 500 kg, 2/4 couchettes - Carène rapide à double tunnel.
- **Mascot 28** de Mascot Marine - 8 m 60, 2 m 95, 1 m 40, 4 200 kg, 5 couchettes - Le premier voilier mixte à timonerie.

5- Yachts de plaisance (entre 9 et 10 m et plus de 500 000 F)

- **Clipper 31** de Clipper Marine - 9 m 30, 3 m 48, 7 300 kg, 5 couchettes - Trawler de "premier prix".
- **Island Gipsy 32** de Hong et Halvorsen - 9 m 76, 3 m 50, 7 000 kg, 4 couchettes - Trawler typique, lent et confortable.
- **Nauticat 32** de Siltala Yachts - 9 m 80, 3 m 45, 1 m 50, 5 200 kg, 6 couchettes - Voilier mixte finlandais d'excellente qualité.
- **Aurore 33** de Plasti-Pêche - 10 m, 3 m 50, 0 m 90, 4 800 kg, 6 couchettes - Nouvelle vedette de croisière à quille longue très réussie.
- **Globe-Flotteur 34** de Prométa - 10 m 05, 3 m 43, 0 m 60 à 2 m 27, 8 000 kg, 6 couchettes - Dériveur intégral en aluminium épais.

6- Grosses bêtes d'eau (plus de 1 million de francs)

Nombreux modèles de 11 à 30 mètres. Prendre de l'aluminium

épais, du dériveur intégral à hélice protégée et safran relevable, ou du trawler bien motorisé en plastique renforcé.
Chantiers à recommander particulièrement :
Prométa, Métalu, Nautalu, Méta (ou Amel et Wauquiez pour le plastique) en ce qui concerne les voiliers mixtes ; les chantiers taïwanais ou néerlandais pour les grosses vedettes.
De toutes façons, à ce niveau de prix, vous pouvez consulter bien d'autres constructeurs, et même vous faire réaliser un grand bateau sur mesure.
Il serait injuste de terminer cette brève revue des bateaux mixtes, et bien que cela ne soit pas notre propos, sans parler des chantiers fluviaux tels que Recla, Brument et Nicols, qui produisent maintenant des house-boats mer-rivière. Nous ne manquerons pas non plus de saluer Locaboat Industries qui s'est spécialisé dans le lancement des fameuses et très jolies "Pénichettes", lesquelles réunissent dans des longueurs variant de 9 m 35 à 15 mètres suivant le type tout ce qui convient pour une navigation intérieure paisible et confortable ; les prix s'étagent de 500 000 à plus de 1 million de francs.

7- Essai de quadrature du cercle : Alose

Il est évident que vous n'entreprendrez pas les mêmes croisières avec un canot de 5 mètres et avec un mastodonte de 30 mètres. Pourtant tous les modèles présentés peuvent aller à l'hélice ou au foc, en mer et en rivière. Bien entendu, il faudra réserver les plus longues étapes et les traversées maritimes aux unités dépassant sept mètres, et vous souvenir de ne pas surcharger votre esquif, pour d'évidentes raisons de sécurité.
Les canots transportables à cabine possèdent l'inestimable privilège de pouvoir changer de plan d'eau à volonté avec une remorque tractée par votre voiture. De plus, munis d'un petit moteur (de préférence fixe et diesel), ils ne nécessitent pas de

permis, ne sont pas plus chers à l'achat qu'une automobile moyenne, et consomment peu de carburant. En revanche, ils ne sont pas rapides, n'aiment pas les brises soutenues ni le gros clapot, et sont peu spacieux ; le confort succinct qu'ils apportent les destine surtout au camping nautique.
Les petits croiseurs et les caboteurs ont déjà plus d'autonomie. Ils coûtent aussi beaucoup plus cher à l'acquisition, mais des croisières d'une semaine ne leur font pas peur et ils possèdent des aménagements sérieux dans une cabine digne de ce nom (cuisinière, WC marins, réserves d'eau et de carburant).

Avec la catégorie des navires de croisière et des yachts, nous accédons au grand tourisme et aux voyages internationaux à 6 - 7 nœuds de moyenne pour les voiliers, et de 10 à 15 nœuds pour les vedettes. Pouvant héberger confortablement pendant de longues périodes un équipage plus étoffé, ils sont capables d'affronter des mers formées et de passer en puissance dans des conditions difficiles. Bien sûr, leurs inconvénients ne sont pas négligeables : neufs, ils coûtent le prix d'une belle maison, calent (sauf les dériveurs intégraux et les vedettes) plus d'un mètre d'eau, sont lourds à manœuvrer et nécessitent des grues de fort tonnage pour leur mise à terre ; leur mâtage et leur démâtage ne peuvent s'effectuer qu'à l'aide de palans.
Enfin, les grands croiseurs peuvent à peu près tout se permettre, au prix fort, sauf d'accéder dans les petits coins les plus sympathiques où leur masse les handicape irrémédiablement. Il leur faut des équipages expérimentés.
A une exception près, tous les modèles cités sont en matière plastique et arborent un gréement Marconi[(6)]. Or, aucune de ces deux caractéristiques ne convient vraiment à un caboteur fluvio-maritime de plus de 9 mètres.
La fibre synthétique est un merveilleux matériau pour les petites

unités car elle est économique, facile à mettre en œuvre, légère, étanche et imputrescible ; mais elle résiste mal à l'abrasion, aux rayons ultra-violets, aux chocs perforants et à l'osmose. L'acier, employé pour de grosses unités, est bon marché et très solide tant qu'il n'est pas rouillé, mais il est fort lourd et surtout très sensible à l'oxydation et à la corrosion électrolytique ; il nécessite un entretien constant. Le ferro-ciment est lourd et beaucoup plus difficile d'emploi qu'il n'y paraît ; son vieillissement est incertain. Le bois pourrit rapidement en eau douce ; en eau de mer, il est sensible aux tarets [7].

Le meilleur matériau pour la coque d'un bateau est l'alliage d'aluminium, et plus spécialement l'aluminium épais de type STRONGALL qui, bien protégé contre l'électrolyse, est quasiment indestructible.

Quant aux longues mâtures de style "canne à pêche" qui encombrent, nécessitent un haubannage complexe et onéreux, ainsi qu'une voilure importante et diversifiée, elles ne sont absolument pas adaptées aux croisières que nous envisageons.

On ne trouve donc pas à l'heure actuelle de bateau vraiment polyvalent, mais il est relativement aisé pour un bricoleur de niveau moyen de transformer à peu de frais un modèle de série.

A défaut d'alliage léger, il choisira le plastique, universellement répandu, et le prendra d'épaisseur raisonnable. Pas de couleurs vives, qui passent au soleil, ni de blancs éclatants, qui se salissent vite et fatiguent les yeux ; il faut éviter les bandes de couleur collées qui s'usent et s'arrachent. Ne pas oublier de passer annuellement une ou deux couches de peinture anti-salissure sur la carène[8]. C'est tout.

Arrivons-en maintenant au plus important : le gréement.

Premier point : la longueur d'un mât de rivière ne devrait pas

dépasser sept mètres, pour rester maniable, et le pied de mât devrait être articulé pour permettre le basculement.
Secondement, le mât d'aluminium exige des haubans, galhaubans, barres de flèche, étais, pataras, ridoirs et cadènes, car il s'écrouit et finit par casser à la flexion. Le mât en bois, court, bon marché, facile à réaliser soi-même, est souple et ne nécessite qu'un haubannage sommaire en cordage préétiré.
Tertio, la grand-voile et le foc marconi sont adaptés aux allures de près(9), mais leur rendement est médiocre aux allures portantes. Leur surface est calculée pour aller le plus vite possible, et non pour avancer confortablement et sûrement. Il faut donc trouver autre chose.

En fait, il ne s'agit que de retrouvailles, car la voilure "au tiers" existe depuis belle lurette. Pas de bôme, pas de coulisseaux, pas de winches ni de gros palans d'écoute : une drisse, une vergue en bois et une simple écoute suffisent avec une paire de bastaques(10). Un foc de surface réduite, si possible autovireur(11) remplacera avantageusement (à tous les sens du terme) la collection de génois, spinnakers, focs-ballons et trinquettes à enrouleur qui encombrent d'habitude le poste avant des voiliers.
Le principe retenu est celui de trois gréements traditionnels dont voici les caractéristiques, du plus simple au plus élaboré.
Le canot de l'Ile Maurice, toujours en usage dans l'Océan Indien, est gréé d'un mât court, d'une antenne (ou vergue) plus ou moins longue, et d'un petit bout-dehors. Pas de haubannage, deux drisses permettent de hisser une voile à bordure libre et un petit foc triangulaire de coton. Destinée à la pêche dans les lagons peu profonds qui ceinturent l'île, sa coque longue de cinq à six mètres est déhalée soit à la voile, soit à la perche, et se faufile aisément entre les palétuviers et les bancs de corail.
Le Sinagot, dont quelques exemplaires survivants peuvent être

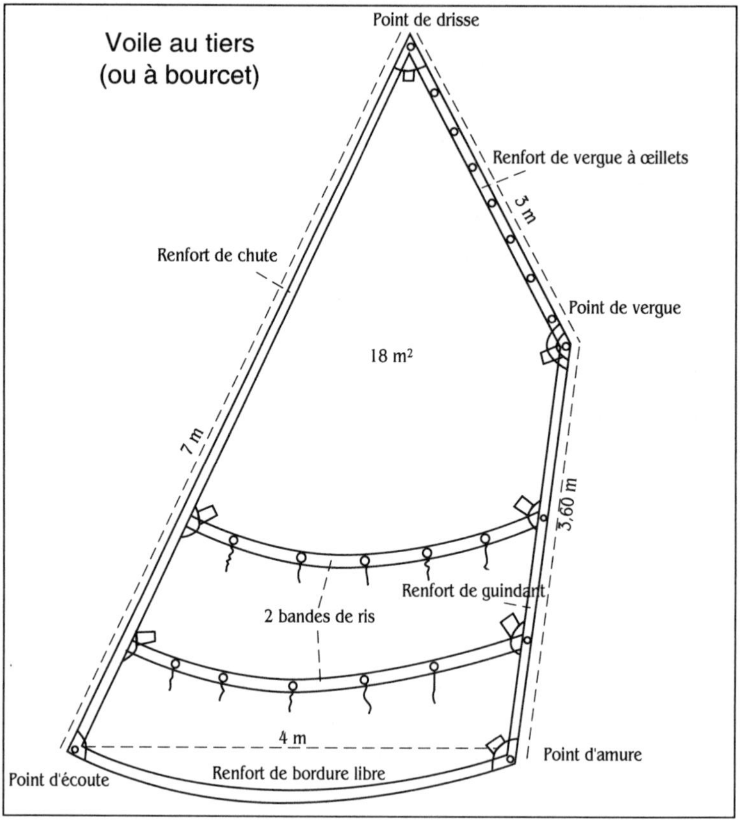

admirés dans le golfe du Morbihan, est un lourd bateau de pêche, originaire de la presqu'île de Séné, et spécialisé dans le dragage des huîtres au vent portant. Long d'une dizaine de mètres, il comporte deux mâts, deux grandes voiles quadrangulaires, et un petit foc sur bout-dehors, qui lui procurent une grande puissance dès que le vent monte un peu. Le haubannage se réduit à une paire de bastaques par mât.

La Bisquine était avec ses vingt mètres de long un bâtiment déjà important, dont le magnifique gréement de goélette à tape-cul constitue le fin du fin en matière de voilure au tiers. Bateau de pêche de Granville, Saint-Malo et Cancale, encore assez simplement haubanné, il réclamait pour la manœuvre un équipage relativement nombreux, ce qui explique sa disparition au début du siècle, malgré ses très réelles qualités de voilier. De nos jours, le chantier normand ANITRA a repris en l'allégeant cette formule de gréement avec ses "P'TIT SOU" et "BIGARREAU". Deux répliques de bisquines naviguent actuellement à Cancale et à Granville.

Si vous décidez d'acheter une unité neuve, prenez-la sans son gréement marconi d'origine (avec déduction de prix). Si vous l'acquérez d'occasion, rangez soigneusement mâture et garde-robe (pour une revente éventuelle), confectionnez-vous votre propre gréement et faites-vous tailler par un voilier professionnel une belle voile au tiers et un petit foc.

Vous pouvez perdre environ un tiers de la surface vélique originelle : vous avancerez un peu moins vite par temps moyen, aussi vite par forte brise ; par brise "de fond de culotte" et dans la direction du vent, vous irez au moteur. Dans tous les cas, vous gîterez moins. Tant pis si les lignes ci-dessus font hurler les puristes : pour un croiseur mixte, la performance importe peu ; la voile est un moteur d'appoint et de sécurité, rien de plus et ce n'est déjà pas si mal.

Evidemment, si votre bateau est grand et lourd, un mât de sept mètres et une voile de vingt mètres carrés ne suffiront pas : il faudra alors le gréer en Sinagot avec deux mâts et un foc. Vous pouvez aussi lui ajouter un tape-cul du plus heureux effet[12]. Vous aurez ainsi réalisé un ensemble harmonieux et d'allure traditionnelle, surtout si vous adoptez des voiles de couleur cachou, à l'ancienne.

Il vous suffira dès lors, pour démâter, de retirer la broche de pied de mât et de laisser pivoter l'espar vers l'arrière (ou vers l'avant) en le retenant par la drisse de foc (ou de grand-voile), l'opération inverse permettant de mâter. Le tout sans grue, sans palan, sans

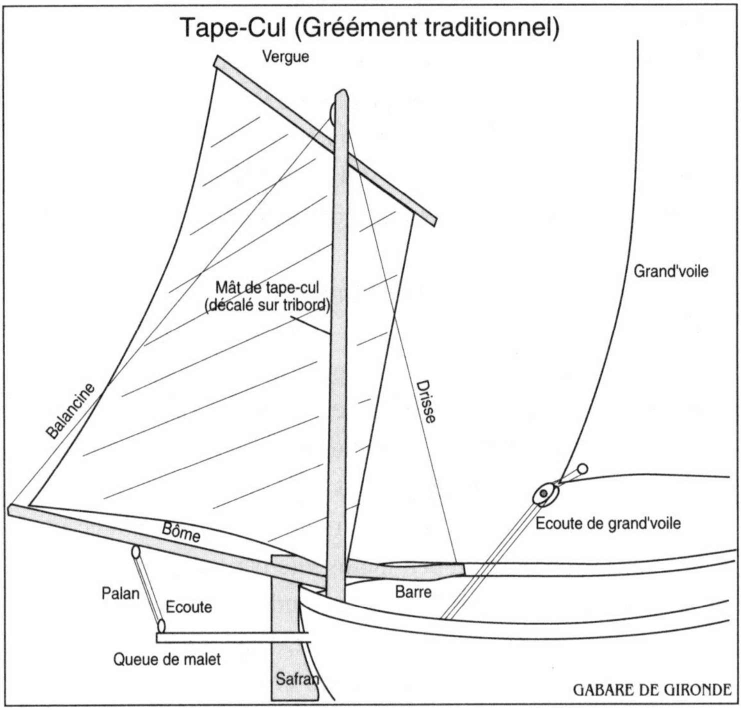

spécialiste (?), sans délai et… sans bourse délier.

Ce type de gréement a été réalisé sur mon EVASION 29. Bilan : la trinquette d'origine (6 m² 60), une voile au tiers neuve (18 m²), et une petite voile d'occasion en tape-cul (6 m² 20) ; soit une surface totale de 30 m² 80, tandis que la voilure d'origine représentait (trinquette comprise) 42 m² 85. Le coût global de l'opération s'est monté à environ 8 000 francs (le gréement initial coûtait trois fois plus cher). Par brise de force 3-4 je perds moins d'un nœud[13] en vitesse jusqu'au petit largue[14] et je suis mieux équilibré à toutes les allures et par tous les temps. Une personne seule peut facilement hisser et affaler la voilure avec l'aide d'un petit treuil de remorque à bateau. La mâture ne m'a rien coûté puisqu'elle se compose d'un jeune frêne que j'ai moi-même abattu,

d'un ancien mât de canot 3,90 Bénéteau pour le tape-cul ; deux perches de bois constituent les vergues.
Après plus de quinze années de navigation côtière, fluviale et de proches traversées sur cinq voiliers à moteur longs de 4 m 60 à 8 m 80 et une vedette de 7 mètres, et compte non tenu de croisières plus lointaines effectuées précédemment sur des unités plus importantes qui ne m'appartenaient pas, je me fais désormais une idée précise du caboteur anadrome, c'est-à-dire d'eau douce et d'eau salée, que nous baptiserons, si vous le voulez bien "ALOSE", du nom de ce poisson d'estuaire que les pêcheurs attrapent parfois lorsqu'il remonte en rivière.
Sa taille est de l'ordre d'une dizaine de mètres, son déplacement avoisine six tonnes et son tirant d'eau, dérive relevée, ne dépasse pas 80 centimètres.

Il est construit en aluminium épais, est gréé en goélette au tiers de deux mâts en pin rabattables de sept mètres de hauteur ; il porte 45 m^2 de toile (deux voiles enverguées de 20 m^2 et un foc autovireur de 5 m^2). Les drisses et le haubannage sont en textile préétiré et deux petits treuils permettent d'établir vergues et voiles.
Son hélice, de fort diamètre, est attelée à un moteur diesel de 50 CV à refroidissement indirect et système de purge automatique. Elle est protégée par une quille longue de faible hauteur, lestée intérieurement à deux tonnes de plomb.
Toutes les vannes ainsi que les passe-coque sont en matière plastique pour éviter l'électrolyse.
Le safran de gouvernail est extérieur, couplé à une barre franche de cockpit et une barre à roue dans la timonerie, afin de pouvoir pallier les avaries de direction éventuelles, et les réparer sans tirer le bateau au sec.
Les aménagements comprennent deux petites cabines latérales à l'arrière, un salon de pont-timonerie, et une cabine avant, soit

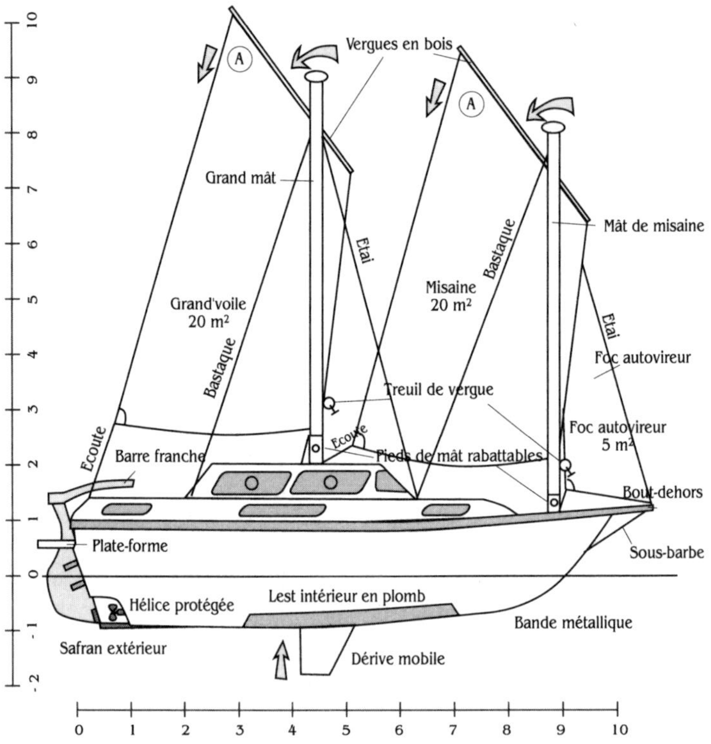

ALOSE : Coque et gréement

deux couchettes doubles et deux couchettes simples. Sondeur, loch, radio-goniomètre et positionneur GPS. Réservoirs d'eau (300 litres), de gazole (300 litres), deux batteries, deux pompes de cale. Chauffage, eau chaude, pompes à eau électrique et mécanique, réfrigérateur, four à cardan, WC marin, douche et lavabo.
Toute la mécanique et le presse-étoupe doivent être facilement accessibles et d'un entretien aisé.
Reste à fixer le prix… qui ne devrait pas excéder celui des bonnes productions actuelles, toutes choses étant égales d'ailleurs.

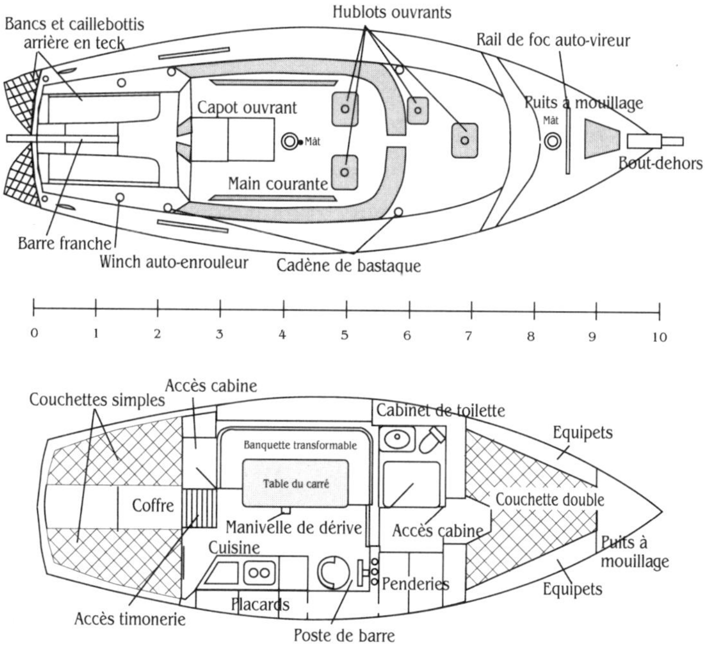

ALOSE : pont et aménagement intérieur

Cela devrait tourner aux alentours de un million de francs en 1992.

8- Vous n'auriez pas moins cher ? si, SAUMON ou FARIO

Une autre approche existe : celle de la vedette mixte avec voilure d'appoint.

Dans la catégorie des 8 mètres et des 500 000 francs, voici "Saumon". Matériau : polyester, doublé balsa pour le pont et le fond de la coque (légèreté, robustesse et isolation thermique et phonique). Longueur de coque 8 mètres ; largeur maximale : 3 mètres ; tirant d'eau : 0,90 mètre. Poids en charge : 3 tonnes. Monomoteur à ligne d'arbre : 180 à 220 chevaux turbo diesel, procurant une vitesse de croisière maritime de 15 nœuds, une vitesse à régime réduit de 5 nœuds. Un mât en aluminium de 6 mètres tenu par deux haubans et un étai avant, reposant sur l'arrière de la timonerie et équipé d'un génois auto-enrouleur de 12 mètres carrés, permettant une vitesse à la voile de 4 nœuds par

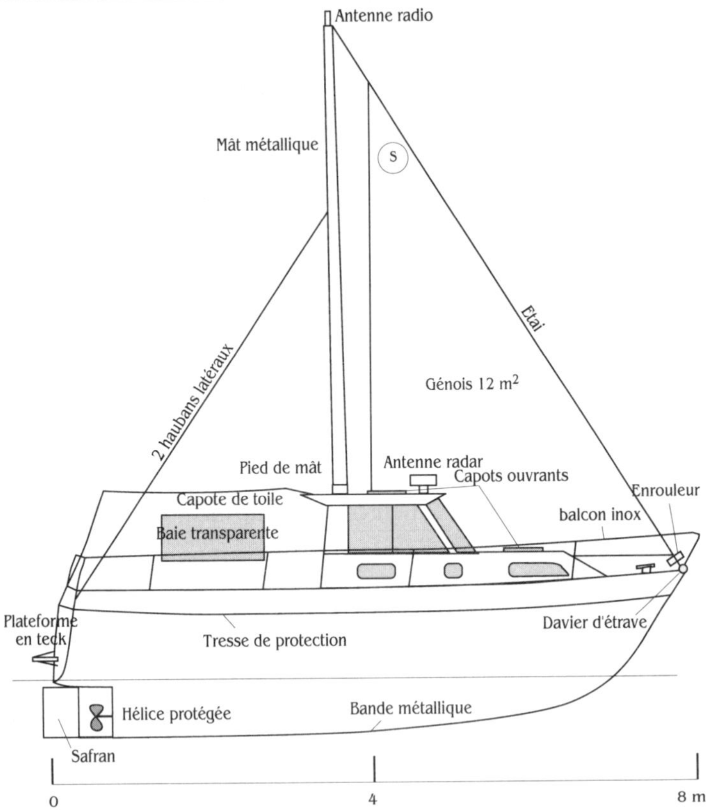

SAUMON : Coque et gréement

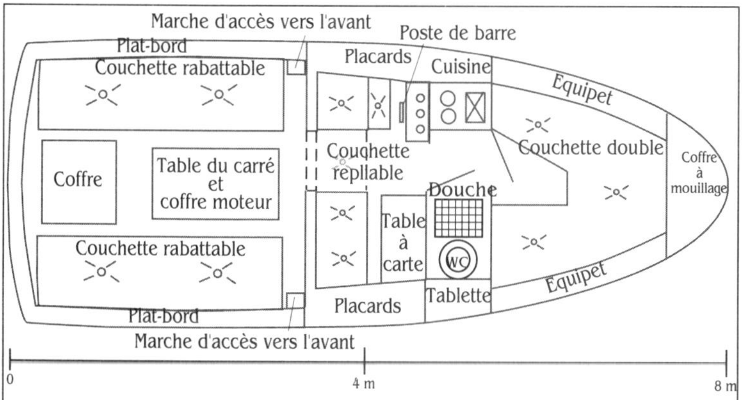

SAUMON : Aménagement intérieur

brise de force 4 aux allures portantes. Capacité des réservoirs : 500 litres de gazole et 200 litres d'eau, ce qui assure une autonomie moyenne de 500 kilomètres. Une quille longue avec coupe-orin d'étambot[15] pour protéger l'hélice des branchages, orins, algues et autres feuilles de plastique flottant entre deux eaux. Une cabine avant avec deux couchettes ; douche, WC marins et cuisine avec réfrigérateur ; une timonerie avec siège de barre, et siège de copilote se transformant en couchette simple : un cockpit avec cabriolet de toile repliable comprenant table de carré et deux bancs-couchettes rabattables. Equipements divers : compas électronique, radio VHF-CB-BLU, sondeur à écran, positionneur GPS, radar, eau chaude et chauffage cabine et timonerie, 2 batteries de 150 ampères/heure, pilote automatique, matériel de sécurité de 3e catégorie, plate-forme de bain, balcon faisant le tour du bateau.

De plus en plus fort (et de moins en moins cher) avec “Fario”, caboteur de 7 mètres et de 350 000 francs tout mouillé. L'approche générale est la même que pour “Saumon”, en format réduit, avec quille longue, monomoteur à ligne d'arbre et génois à enrouleur sur coque et pont en polyester-balsa. Longueur de coque : 7 mètres ; largeur maximale : 2,60 mètres ; tirant d'eau : 0,80 mètre. Poids en charge : 2,5 tonnes. Moteur de 70 à 80 chevaux turbo diesel, procurant une vitesse de croisière maritime de 8 à 10 nœuds, pour une consommation de 10 litres à l'heure, et une vitesse de canal de 4 à 5 nœuds, pour 5 litres à l'heure. Le mât est en alliage léger de 5 mètres et disposé comme pour le bateau ci-dessus, et supporte un génois de 10 mètres carrés qui le propulse à 3 - 4 nœuds au largue[16]. Les 300 litres du réservoir de gazole et les

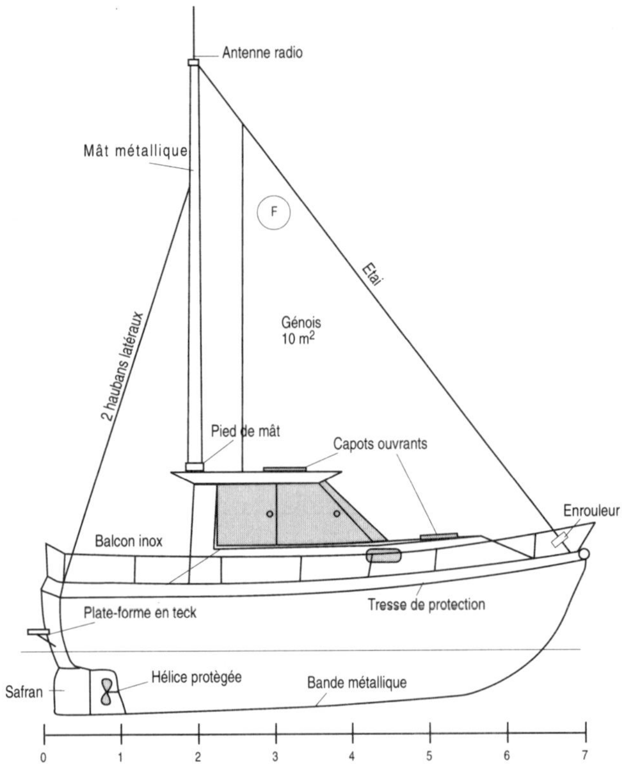

FARIO : Coque et gréément

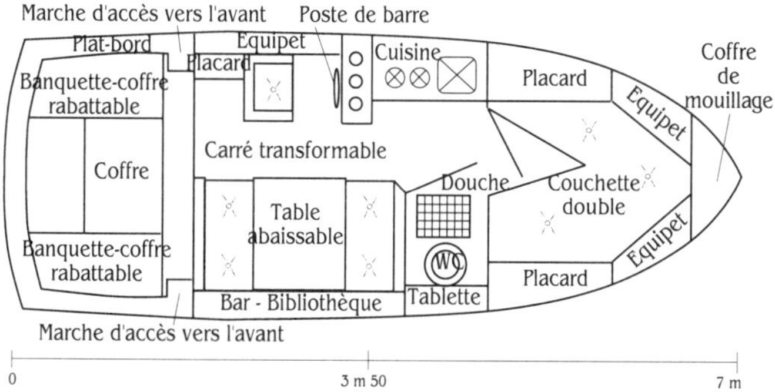

FARIO : Aménagement intérieur

100 litres du réservoir d'eau donnent une autonomie moyenne supérieure à 500 kilomètres. La cabine avant abrite deux couchettes en pointe, et la timonerie, outre le poste de barre, deux autres couchettes transformables en carré avec banquettes et une table à support télescopique ; lavabo, WC marin, réchaud à gaz, évier et réfrigérateur amovible à effet “Peltier” ; cockpit abritable sous un taud. Autres équipements fournis : compas, radio VHF-CB, sondeur, GPS amovible, 2 batteries de 100 ampères/heure, pilote automatique, matériel de sécurité de 5e catégorie, plate-forme de bain.

Vous aurez remarqué en lisant les lignes précédentes qu'aucune des deux vedettes mixtes proposées ne possède de lest fixe : il ne s'agit pas d'un oubli, mais j'estime que le poids des coques, des moteurs et des réservoirs suffit amplement à assurer la stabilité de l'ensemble, en raison de la faible surface des génois envisagés, qui ne doivent pas être utilisés par des brises supérieures à la force 5-6 de l'échelle de Beaufort.

Par ailleurs, j'attache une grande importance à la quille longue, qui doit se prolonger jusqu'au safran du gouvernail : les vedettes modernes utilisent souvent l'effet de tunnel, en tronquant les quilles, ce qui améliore peut-être les performances mais nuit cer-

tainement à la sécurité de l'arbre et de son hélice.
Il vous reste maintenant à trouver un chantier naval pour vous faire construire "Alose", "Saumon", ou "Fario" : à vous de jouer… ou à vous de prouver vos dons de constructeur-amateur !

Eclusage

CHAPITRE III
SAUTS DE PUCE (D'EAU)

Vous voilà maintenant l'heureux propriétaire, ou locataire, d'une "menue embarcation" (c'est-à-dire, d'après les règles administratives, de moins de vingt tonnes), et vous avez la légitime intention de croiser à partir de la capitale ou de ses abords, en utilisant soit les services d'un port de plaisance où vous avez obtenu un poste d'amarrage, soit l'huile de coude pour effectuer des mises à l'eau à partir d'une remorque et d'une cale.

Il n'est pas nécessaire de disposer de longues périodes de vacances pour naviguer : un week-end ensoleillé suffit. Il vaut mieux éviter les mois de décembre à avril, période de fortes crues

Devant l'écluse

et de gel, que votre bateau passera le plus confortablement possible, à terre s'il est petit, ou désarmé à un ponton surveillé, s'il est gros.

Cinq parcours ont été sélectionnés, mais il en existe bien d'autres, et vous établirez rapidement vos préférences. Dans tous les cas de figure, sauf le premier, qui peut être réalisé dans la journée, vous passerez une nuit à bord[(17)].

Le point de départ sera, pour toutes nos croisières à venir, le ponton extérieur du pont de l'Arsenal près de la Bastille, pour des raisons de commodité, mais vous pouvez bien sûr lever l'ancre à partir de tout point dans un rayon de trente kilomètres autour de Notre-Dame, situé sur la Seine, la Marne, l'Ourcq ou les canaux parisiens.

1- LES PONTS DE PARIS

Vous ne pouvez prétendre connaître votre capitale si vous ne l'avez pas traversée par la Seine. Bien entendu, l'immense majorité des touristes navigue sur le fleuve en bateau-mouche. Il n'est pas question de jeter le moindre discrédit sur ce mode de transport (encore que si les pilotes respectaient un peu mieux les limitations de vitesse...) ; cependant, puisque vous avez acquis un bateau, votre choix a été différent et vos conditions de navigation le seront aussi.
Avant de lâcher la bride à vos chevaux-vapeur, il vous faudra attendre au pont Sully le passage de l'alternat au feu vert ; les horaires des changements de feux sont normalement affichés à la capitainerie du port de l'Arsenal. Vous ferez des ronds dans l'eau à allure modérée, juste devant le siège de la police fluviale dont

les vedettes grises vous inciteront à respecter le règlement. Il n'est pas permis, en particulier, d'emprunter le (tentant) bras qui se trouve par tribord devant : l'accès en est réservé aux gros bateaux à passagers.
Ca y est, le feu (de grand diamètre, mais un peu pâlichon) est passé au vert. Ne mettez pas plein gaz si vous êtes nombreux à attendre et si votre esquif est frêle : les bras de la Cité sont étroits et sinueux, et les péniches sont grosses et rapides. Mieux vaut laisser passer les volumineux et les pressés et emboîtez-leur le sillage (pas de trop près si vous ne voulez pas être secoués). Dans le bras Saint-Louis, vue imprenable sur Notre-Dame et sur les adeptes de la bronzette qui se dorent au soleil le long des quais.
Puis c'est la succession des ponts, tous pareils de loin et tous différents de près. La Tour Eiffel et les péniches-restaurants. Si vous trouvez qu'il y a beaucoup de circulation sur la Seine, jetez un coup d'œil aux voies sur berges et votre première impression sera relativisée.
Quelque dix kilomètres en aval du point de départ, voici l'île Seguin, mieux connue sous le nom d' “île Renault” et, il y a encore deux ans, en prenant le bras gauche, vous auriez certainement croisé une des grosses barges qui engouffraient les petites R4 pour les descendre vers Rouen. Nous vous suggérons de faire le tour de cette île en utilisant le sens giratoire, et de venir vous amarrer à couple d'une péniche-habitation dans le bras secondaire de l'île Saint-Germain, quelques centaines de mètres en amont de l'île Seguin, endroit où vous pourrez tranquillement casser la croûte, ou éventuellement passer votre première nuit à bord, à l'abri des sillages de péniches et de convois poussés, qui n'utilisent pas cette dérivation.
Au passage, vous aurez repéré en rive droite une station-service très pratique, où vous pourrez accoster à un ponton et faire le plein de gazole ou d'essence grâce à un tuyau à longue portée(18).

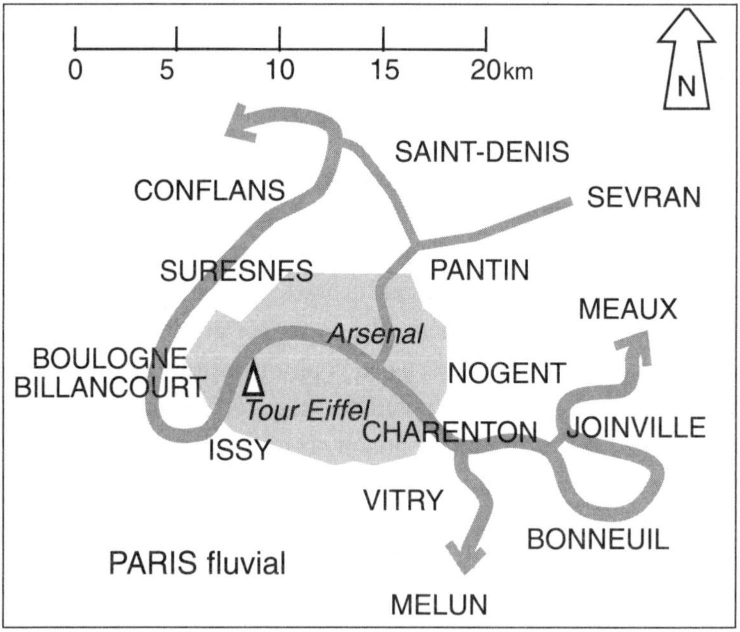

A la remontée, il est recommandé de varier les itinéraires en utilisant les bras rive gauche de la Seine, en particulier l'île des Cygnes (passage devant le siège du Port Autonome de Paris), ainsi que le bras de la Monnaie, qui vous évite d'attendre à l'alternat et vous fait découvrir Notre-Dame sous un angle saisissant.

Tous les types de bateaux cités au chapitre précédent peuvent effectuer cette promenade dans l'histoire, mais attention à la vaisselle pour les plus légers d'entre eux lorsqu'ils croisent un mastodonte filant à 15-20 km/heure ! Il n'y a pas de danger à condition de respecter la priorité des bateaux de commerce et de regarder de temps à autre derrière soi. Dans le même ordre d'idée, il faut se méfier des embarcations pneumatiques qui vrombissent sans toujours se soucier de leur direction, ainsi que des yoles et autres outriggers dont la finesse n'a d'égale que leur tendance à chavirer si on les serre d'un peu près.

Au total, une trentaine de kilomètres, suivant l'itinéraire adopté, que vous pouvez parcourir en trois heures ou en deux jours selon votre bon plaisir. Pas d'écluses à passer, sauf celle de l'Arsenal à l'aller et au retour, si tel est votre port d'attache. Une bien belle façon de voir Paris !

2- ... A JOINVILLE LE PONT ...

Nous allons cette fois quitter la Seine après quelques kilomètres pour explorer le cours inférieur de l'un de ses plus beaux affluents (sinon le plus facile en période de crues) : la Marne.
Le décor jusqu'au confluent est celui, sans attrait, de la banlieue industrielle mais, très vite, tout change. Passée la première écluse surgissent les arbres et la verdure. Cette écluse de Saint-Maurice n'est pas difficile, mais sa taille impressionne pour la première fois, et les remous sont violents au remplissage lorsque l'on s'approche des portes amont : il vaut donc mieux ne pas s'amarrer plus avant que le milieu du bassin.
Puis arrivent l'écluse et le tunnel de Saint-Maur, commandés par des feux verts et rouges. Le tunnel tout droit, correctement éclairé et point trop étroit vous fait naviguer pour la première fois sous la terre, en court-circuitant la boucle de Marne dont nous reparlerons. Pas de difficultés si vous êtes munis d'un bon projecteur pour déceler les branches d'arbre qui flottent parfois à cet endroit. Avancez à vitesse réduite en tenant le milieu du chenal, sans zigzaguer, et n'oubliez pas d'allumer vos feux de position.
Lorsque vous retrouvez la lumière, vous êtes à la campagne ! Des îles, de grands arbres, de petits pavillons, des canots, des cygnes et des canards et, à main droite le petit port et le quai de plaisance de Joinville. Inutile de pousser plus loin, vous êtes (presque) au Paradis ! N'essayez pas de rentrer dans la mini-darse, encombrée

et envasée, mais accostez le long des quais, ou à couple d'un bateau plus grand que le vôtre s'il n'y a pas de place, en faisant front au courant, qui n'est pas négligeable. Méfiez-vous du seuil qui marque l'emplacement d'un vieil ouvrage, et ne tentez pas de descendre plus vers l'aval : un câble tendu en travers de la rivière vous rappelle que le barrage n'est qu'à quelques centaines de mètres. Vous tournez vos amarres aux taquets et allez faire un tour à terre. Vous ne serez pas déçus. Le port et son environnement sont particulièrement agréables : club d'aviron, pelouses, belle chute d'eau en aval. Le soir venu, vous ne résisterez pas au charme des guinguettes du bord de Marne et pourrez, sous les guirlandes de lampions, déguster quelque couscous, tout en surveillant du coin de l'œil votre vaisseau de haut bord paisiblement accosté à deux pas de là.

Après une nuit que nous espérons réparatrice, vous entamerez le chemin du retour en respectant les feux d'entrées de la voûte de Saint-Maur. Méfiez-vous en croisant les péniches éventuelles entre celle-ci et l'écluse : le bassin n'est pas large, envasé sur les côtés, et la longueur des automoteurs nécessite de la place lorsqu'ils embouquent le souterrain. Rappelez-vous également que tout croisement est impossible dans le tunnel, qu'une marche arrière sur cinq cents mètres peut poser quelques problèmes (c'est le moins que l'on puisse dire) et qu'il ne faut pas suivre de trop près une péniche, car vous ne seriez pas manœuvrants dans le bouillonnement de son sillage. Bref : conformez-vous aux règles de priorité et de sécurité et tout ira bien.

Vous pouvez, si vous le désirez, faire halte au ponton ou aux bouées judicieusement installée par le PAP (Port Autonome de Paris) rive gauche entre les écluses de Saint-Maur et de Saint-Maurice ; le coin est agréable et généralement calme. Puis, retour au bercail (toujours le ponton en Seine du port de l'Arsenal).

Cette idyllique balade banlieusarde représente à l'aller comme au retour une quinzaine de kilomètres, deux écluses et un tunnel, soit entre deux et trois heures de navigation suivant votre allure et le délai d'attente aux écluses.

3- LA BOUCLE DE BONNEUIL

Cet itinéraire est une variante de l'étape précédente. Communes jusqu'à la dérivation de Saint-Maur, les voies d'eau divergent aussitôt après.
Vous passez encore une écluse et le grand port industriel et commercial de Bonneuil avant de vous engager dans la très verdoyante et même sauvage boucle de la Marne. Il faut ici faire attention à deux choses : les canots automobiles à skieurs nautiques, et les facéties du chenal navigable, dont le tracé est parfois difficile à trouver au milieu des îles boisées et des troncs d'arbre plus ou moins émergés. La prudence s'impose donc dans la navigation qu'il faut effectuer à cinq ou six kilomètres à l'heure, d'autant plus que les canoteurs à rames sont prioritaires ; mais la beauté du paysage vaut le déplacement et donne, si près de Paris, un petit avant-goût des rivières amazoniennes.
On peut remonter la Marne jusqu'au milieu de la boucle, et même davantage si le tirant d'eau du bateau est faible, mais les possibilités d'accostage à quai sont peu nombreuses, sauf à hauteur de quelques caboulots. Il peut paraître préférable de mouiller sur ancre dans l'entrée d'un bras secondaire, tout près d'une île. En ce cas, après une liaison à terre en annexe, on dînera à bord entre soi et retirés du monde... à dix kilomètres de la Tour Eiffel, à vol d'oiseau ! On ne risque pas d'être secoués par les vagues d'étrave d'une péniche, cette portion de la Marne n'étant pas utilisée par la navigation de commerce. Quant aux plaisanciers, à part quelques "pénichards"(19) et pêcheurs à rames, vous ne devriez rencontrer que

de rares embarcations hors-bord, le ski nautique étant interdit à ce niveau.
Dans chaque sens, comptez quinze à vingt kilomètres, deux écluses et trois-quatre heures en musardant.

4- LES CANAUX DE PARIS

Faisons maintenant un tour dans “le ventre de Paris”, en empruntant les canaux Saint-Martin et Saint-Denis. Ouverts depuis peu à la circulation de plaisance, moyennant le paiement d’un droit de passage, ils permettent de joindre le bassin de l’Arsenal au confluent de Saint-Denis.
Il s’agit d’une navigation assez “technique”, qui s’enfonce sous le tunnel plutôt étroit et mal éclairé de la place de La Bastille, et débouche après neuf écluses sur le bassin de jonction avec le canal de l’Ourcq. Vous pouvez ensuite remonter jusqu’à l’écluse de Sevran pour passer la nuit à quai dans un environnement assez industriel.
Le canal Saint-Denis vous ramènera sur la Seine en sept écluses, et vous remonterez par le fleuve jusqu’à votre point de départ en franchissant l’écluse de Suresnes.
L’ensemble représente la somme déjà coquette de 17 écluses et plus de 50 kilomètres, c’est-à-dire pas loin de deux journées de navigation. Ce n’est donc pas une promenade tranquille, mais un excellent entraînement à la croisière en canal avec les difficultés que l’on peut y rencontrer : tunnels obscurs, écluses nombreuses, ponts mobiles.
Signalons que des bateaux à passagers parcourent cet itinéraire, ainsi que quelques péniches : il est prudent, avant de lever l’ancre, de s’enquérir à la capitainerie de l’Arsenal des mouvements de bateaux prévus et de leurs horaires.

5- CONFLANS - SAINTE-HONORINE

C'est le plus long et probablement le plus majestueux de vos sauts de puce nautiques. Deux écluses seulement interrompent momentanément le parcours qui mène insensiblement de la capitale des Français à celle des bateliers, dans la campagne des bords de l'Oise. L'accès à Conflans est ponctué de trains de barges et de péniches, dont les longues rangées immobiles disent assez la crise de la batellerie. Une visite au musée de la navigation fluviale s'impose, et l'on ne manquera pas de repérer la péniche-chapelle “Je Sers”, cathédrale des mariniers, ainsi que le monument aux morts du confluent Seine-Oise.
On aura intérêt à emprunter le bras de Marly, pour passer l'écluse de Bougival, plus adaptée aux petits gabarits que sa grande sœur de Chatou.
La fin du voyage nous attend, deux kilomètres après le confluent. Au lieu de prendre à gauche vers l'écluse d'Andrésy, contournons la pointe de l'île par la droite où nous attendent, outre des cygnes, le ponton et les bouées du PAP. L'endroit est agréable et nous pouvons compléter notre réserve d'eau aux robinets de la halte nautique. Une excellente surprise vous est réservée deux cents mètres en aval : un restaurateur ingénieux établi dans l'île a eu l'idée de construire un embarcadère privé d'où les clients peuvent faire venir un canot transbordeur, qui les ramènera à bord à l'issue d'un bon repas pas trop cher.
Le voyage de retour débutera relativement tôt, car le chemin est long jusqu'à Paris, et le courant (habituellement modéré) est défavorable dans ce sens.
Le week-end de Conflans se traduit par plus de 70 kilomètres, deux écluses, et huit à neuf heures de navigation dans chaque sens, ce qui n'a rien d'excessif, mais signifie quand même un rythme assez soutenu. Il faut se conformer aux modifications

alternées de navigation : “conduite” à droite ou à gauche suivant les biefs, en respectant la sacro-sainte “règle du drapeau bleu” (pilotage à gauche) ; ne pas chercher à “trémater” (doubler) dans les courbes sans visibilité.

CHAPITRE IV
SEMAINES BUISSONNIÈRES

Il serait dommage de se limiter à des promenades du week-end alors que même les canots mixtes de cinq mètres peuvent offrir davantage.

On peut choisir pour se lancer sur de plus longs parcours les périodes de Pâques, Pentecôte ou même de la Toussaint, qui permettent de ne pas se cantonner à la saison des grandes vacances, souvent chargée de multiples projets.

Une semaine en croisière, cela se prépare. Il est nécessaire de prévoir des vêtements chauds et des cirés, des réserves de vivres, d'eau et de carburant en conséquence, car on ne trouve pas forcément de supermarchés au bord de l'eau. Si l'on a décidé de naviguer à l'automne ou au printemps, il peut être utile d'embarquer un moyen de chauffage léger, à bouteille de gaz (catalyse) ou, éventuellement, électrique. Bien sûr, si le bateau comporte un système de chauffage incorporé, c'est encore mieux, mais cela n'existe que sur les unités déjà importantes et coûte relativement cher.

Cette fois, nous avons choisi quatre parcours : la petite Seine, la Marne, l'Oise et la basse Seine. Nous ferons allusion à une cinquième possibilité, l'Ourcq, qui ne peut être envisagée que sous certaines conditions.

1- LA PETITE SEINE

La haute Seine était autrefois navigable jusqu'à Bar-Sur-Seine, au-delà de Troyes et, naguère encore jusqu'à Méry. L'incurie administrative et la raréfaction de la batellerie artisanale ont eu, hélas, raison de ces quelques 80 kilomètres, et le terminus du fleuve se situe désormais à son confluent avec l'Aube à Marcilly. Souhaitons que l'abandon de cette portion du patrimoine national s'achève là !

La première étape nous conduit de l'Arsenal aux appontements privés du port de Saint-Fargeau, rive gauche, en quarante kilomètres et cinq écluses. La banlieue industrielle parisienne se prolonge vers le sud, et ce n'est qu'en fin de journée que le paysage devient boisé ; un joli parc naturel est situé à deux pas du port de plaisance, et permet de se dégourdir les jambes.

Le lendemain, nous piquons vers Saint-Mammès, haut-lieu des mariniers, qui rappelle Conflans avec ses longues files de péniches en attente de fret. Comme les possibilités d'accostage sont médiocres, c'est d'ailleurs à couple d'un automoteur que nous serons le mieux pour passer la nuit, après accord du batelier naturellement. C'est ici que commence le canal du Loing, l'un des itinéraires menant du Havre à la Méditerranée, mais ceci est une autre aventure. Quarante-cinq kilomètres et trois écluses séparent Saint-Fargeau de Saint-Mammès.

Notre poste d'accostage suivant sera la halte de plaisance du PAP à Bray-Sur-Seine, au bout de trente-cinq kilomètres et de trois écluses dans un canal beau, propre et assez sauvage, où la navigation est très faible. De grandes sablières ouvertes sur la voie d'eau invitent à venir jeter l'ancre, mais la profondeur de ces calmes étendues est difficile à apprécier, et peut entraîner des échouements.

Le trajet Bray-Marcilly, qui nous conduit au "terminus" de la petite Seine navigable, constitue avec ses quarante kilomètres et ses neuf écluses manuelles l'étape la plus lente de la croisière. Il convient de prendre garde aux bajoyers inclinés de certaines écluses, d'approche difficile. La circulation commerciale est

presque nulle, sauf en période de chargements céréaliers, et cette portion de canal n'est pas ouverte les jours fériés. A Marcilly, où l'on accostera, on aura un regard nostalgique pour les portes condamnées de l'écluse qui menait à Troyes, il n'y a pas si longtemps.
Le lendemain le parcours inverse nous ramènera à Bray par des méandres étroits et encombrés de végétation.
Pour ne pas dépasser la semaine impartie nous pousserons les feux pour l'étape suivante, afin d'atteindre Melun en soixante-cinq kilomètres et cinq écluses. Nous accosterons au ponton du PAP dans le très agréable bras secondaire de “l'Ile de la Centrale”, où la discrète proximité des miradors ne parvient pas à enlaidir le paysage. Si l'on dispose d'une journée supplémentaire et de vélos à bord, une visite au château de Vaux-Le-Vicomte s'impose ; château et parc nous rappellent l'histoire de l'indélicat surintendant Fouquet, et préfigurent le Versailles du Roi-Soleil.
Mais tout a une fin et le retour sur Paris s'effectue en de longs biefs, totalisant soixante kilomètres, par six écluses géantes dont la dernière, Port-à-L'Anglais, vous ouvre les portes de la capitale.
En tout, nous avons parcouru 350 kilomètres environ, et franchi une quarantaine d'écluses, sans difficultés particulières et dans un paysage calme et agréable.

2- LA MARNE EN TAXI FLUVIAL

La Marne est une belle rivière au cours capricieux, entrecoupée de deux dérivations rectilignes, les canaux de Chelles et de Chalifert. Si vous êtes pêcheurs, c'est le moment d'emporter vos attirails, sans oublier permis et cartes diverses. Nous n'aurons pas le temps en une semaine de remonter jusqu'à Epernay, et c'est bien dommage pour la cave du bord, si elle est à court de champagne !

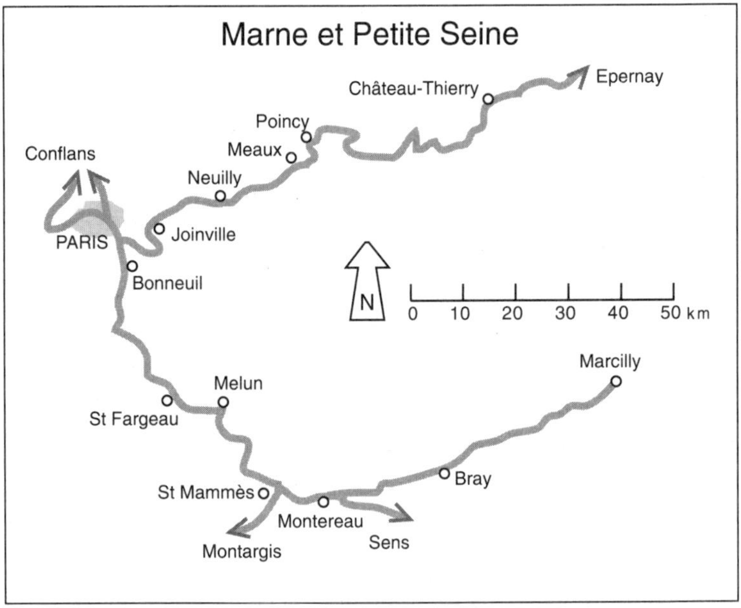

Notre première étape sera courte (vingt-cinq kilomètres et deux écluses) et nous amènera au club nautique de Neuilly-Sur-Marne, en dépassant de quelques centaines de mètres sur la droite le niveau de l'écluse d'accès au canal de dérivation.

Le lendemain, nous irons à Meaux en trente-cinq kilomètres et cinq écluses, pour nous amarrer au ponton du PAP en sortant de la dernière écluse, juste après le pont à main gauche. Nous pourrons visiter la cathédrale, en souvenir de Bossuet, “l'aigle de Meaux”.

Quarante-cinq kilomètres et quatre écluses plus loin, et nous voici à Nanteuil après un parcours très pittoresque et boisé. L'eau est souvent assez propre pour que l'on puisse s'y baigner, en été. Le meilleur endroit pour passer la nuit est situé en rive gauche, juste à l'est du pont.

Château-Thierry constitue la limite du voyage, à trente kilomètres de Nanteuil. Ayons un souvenir pour Jean de la Fontaine, enfant

de cette paisible petite ville ; quelle fable aurait-il pu écrire sur le tourisme fluvial ? “La mouche et le coche d’eau”, peut-être !
La navigation nous ramènera en soixante-dix kilomètres au club nautique de Poincy, fort agréablement installé à l’abri d’une île boisée, où de joyeux drilles préparent savamment brochettes et méchouis gargantuesques. Les cygnes et les canards de Monsieur Jean nous feront une haie d’honneur, dans l’attente des croûtons de pain que nous ne manquerons pas de leur distribuer.
L’étape suivante, longue de cinquante kilomètres et ponctuée de cinq écluses, nous conduira en pays de connaissance, aux quais du port de Joinville.
“Le septième jour, Dieu se reposa”. Nous de même, car quinze kilomètres et deux écluses pour rentrer au bercail, ce n’est pas une affaire.
Nous aurons sillonné, en fin de compte, dans les trois cents kilomètres pour moins de trente écluses, au cours d’une navigation variée et peu difficile ; seuls quelques croisements avec des automoteurs chargés, ou pressés, en canal étroit, auront pu occasionner des battements de cœur au barreur agrippé à sa roue.

3- SEINE ET OISE

Changeons de dimension pour cette croisière majestueuse : larges fleuves, grands ouvrages d’art, convois imposants et villes opulentes nous attendent.
Nous connaissons déjà le début du parcours : Paris - Conflans avec halte à Andrésy, soit environ soixante-dix kilomètres et deux écluses.
Ensuite, c’est l’Oise, tour à tour urbanisée (à Pontoise, Creil et Compiègne), et forestière ; parfois industrielle, mais jamais laide ; toujours fréquentée, mais point encombrée. Pour notre

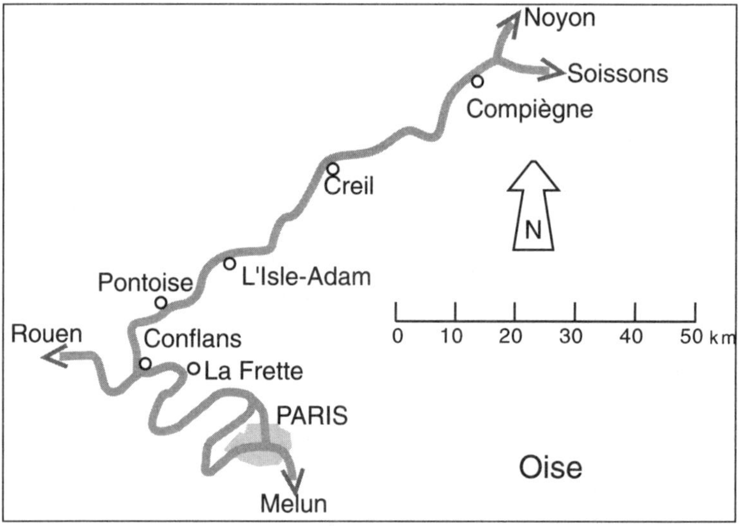

halte vespérale à Creil, deux possibilités. Le joli bras secondaire en aval du pont du musée, suffisamment profond mais étroit et gardé par quelques escouades de pêcheurs : aller au pas ! Ou bien le quai amont en rive gauche, assez vaste mais relativement difficile d'accès pour les forts tirants d'eau, et assez chahuté par les passages de péniches. Quatre écluses et soixante kilomètres.
De Creil à Compiègne, comptez quarante kilomètres et trois écluses seulement. L'entrée du port de plaisance, rive gauche, au nord de la ville, n'est pas facile à découvrir, ni parfois à franchir en période d'étiage, mais un peu de vase n'abîme pas les quilles et l'agrément du coin vaut la peine de s'y risquer. Les pontons centraux offrent un mouillage suffisant, une nuit au calme et un environnement sympathique : que demander de plus ?
Le retour s'amorcera en direction de Pont-Sainte-Maxence après, éventuellement, un petit tour au confluent de l'Oise et de l'Aisne si l'on n'est pas pressé (voir le wagon de l'Armistice à Rethondes). L'amarrage est possible au quai aval de l'écluse.
Pour l'étape suivante on pourra choisir entre la halte de plaisance

du PAP à l'Isle-Adam et un mouillage sur ancre le long de la rive sud-ouest de l'île d'Auvers ; c'est affaire de goût, le cadre de l'Isle-Adam étant plus civilisé et celui d'Auvers plus sauvage (à condition de s'éloigner de l'appontement à ciment).
Le sixième jour, nous nous amarrerons à l'appontement de plaisance de La Frette, distant de soixante-trois kilomètres et deux écluses de Paris. Parc et village agréables.
Enfin, retour sur la capitale.
Notre loch-totalisateur accusera dans les trois cent soixante kilomètres parcourus, au prix de dix-huit vastes écluses électriques.

4- ROUEN-SUR-SEINE

Nous allons enfin vers la mer, ou plus exactement vers la marée, qui permet alternativement au fleuve de remonter vers sa source, puis de reprendre son cours naturel. C'est, à mon avis, la plus belle croisière de cette série, en tout cas la plus chargée d'histoire : des invasions normandes jusqu'au martyre de Jeanne d'Arc.
Nous dépasserons cette fois Andrésy pour nous amarrer dans le port rive droite de Port-st-Louis, ancienne sablière désaffectée, où l'on trouve pontons et ducs d'albe, ainsi qu'une profondeur suffisante si l'on ne s'écarte pas du chenal. Le site n'est pas enchanteur mais fonctionnel et bien abrité des remous de la circulation fluviale. Quatre-vingts kilomètres et trois écluses.
Le paysage devient de plus en plus pittoresque avec ses grandes îles boisées et les méandres du grand fleuve calme. L'arrivée sur le port de plaisance de Vernon est très belle, mais attention aux hauts-fonds ! Si vous calez plus d'un mètre d'eau, vous avez de bonnes chances de vous "planter", heureusement sans gravité, dans la vase molle. Quelques coups de gîte et de moteur devraient régler le problème, mais ne vous approchez pas de l'îlot et met-

tez-vous à couple d'un bateau déjà accosté. L'emplacement avec son donjon, son vieux pont en ruines et son club nautique est parfait. Si vous n'êtes pas convaincu, ou si vous ne trouvez pas de place, cherchez alors port Saint-Gabriel, le long de l'île Emieu, non loin de Vernon. Soixante-cinq kilomètres et une écluse.

Longue promenade que celle d'aujourd'hui : quatre-vingt-quinze kilomètres et deux écluses, mais il s'agit de ne pas sacrifier la visite de Rouen, le lendemain. Le spectacle est magnifique : prairies verdoyantes, grands arbres, falaises blanches, impressionnants vestiges féodaux. Le clou de ce spectacle est probablement le passage aux Andelys avec son formidable Château-Gaillard et la belle demeure (malheureusement en mauvais état) de l'île. Toutefois les possibilités d'accès aux Andelys sont médiocres : port étroit, embouteillé et peu profond ; quais défendus par de redoutables quartiers de roches immergés. N'imitez pas les house-boats accostés, qui calent moins de cinquante centimètres, eux ! La municipalité du coin devrait faire des efforts pour accueillir les plaisanciers de passage(20). L'écluse de Poses-Amfreville est la porte de la Manche, enfin presque, car le bief suivant est soumis à l'influence du flot et du jusant, le courant est déjà sensible et la marée basse découvre les dessous vaseux de la Seine. Banlieue industrielle, puis arrivée sur le port de plaisance de l'île Lacroix, que l'on doit aborder contre le courant. Très agréables appontements en eau profonde, douches, eau, électricité. Le chantier naval Villetard, à une encablure, vous fournira le plein de carburant.

Il est bon de consacrer au moins une demi-journée à musarder à pied dans le vieux Rouen, si beau et si bien mis en valeur ; la place du marché et la cathédrale figurent évidemment dans le circuit de base. Nous ne reprendrons donc la voie d'eau que pour un peu plus de quarante kilomètres et une écluse. Nous mouillerons dans le bras nord de l'île Motelle, dans un environnement qui

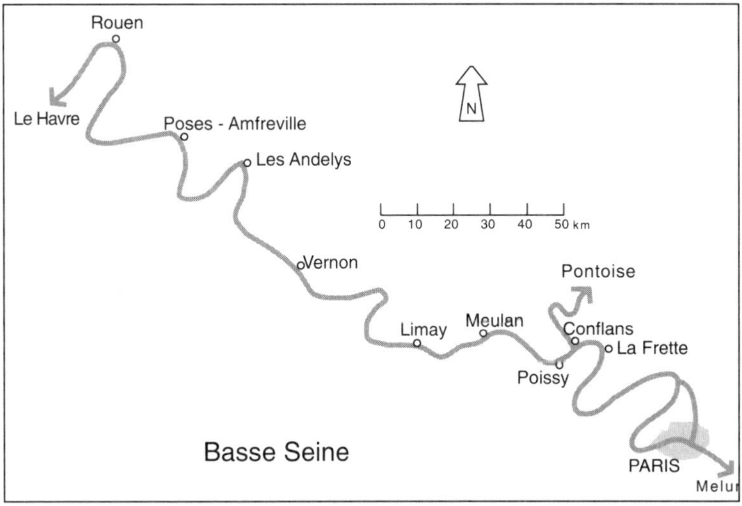

incite à la baignade et à la randonnée pédestre, non loin de belles falaises de craie.

L'objectif suivant peut être la halte nautique du PAP à Limay, distante de plus de quatre-vingts kilomètres et de deux écluses. Bon mouillage abrité.

Autre étape : de Limay à La Frette. Cinquante kilomètres et une écluse. Ponton déjà décrit.

Enfin, La Frette - Paris, soixante-trois kilomètres et deux écluses (pour changer, rien ne nous empêche de franchir celle de Chatou, au lieu de Bougival).

Au total, nous avons navigué sur près de cinq cents kilomètres, comportant seulement douze écluses, de taille il est vrai. Longs et beaux biefs, bon rythme, voilà les caractéristiques de la basse-Seine.

5- ESSAI SUR L'OURCQ ?

Le canal de l'Ourcq est théoriquement ouvert à la circulation de plaisance à partir des canaux Saint-Martin et Saint-Denis depuis

1983. Long de cent huit kilomètres et barré de dix écluses, sa partie "navigable" s'achève à Port-aux-Perches. Avec le Saint-Martin, cela fait aller-retour deux cent trente kilomètres et trente-huit écluses si... Car il y a un si : votre bateau ne doit pas dépasser quatre-vingts centimètres de mouillage, et la largeur des écluses jusqu'à Lizy est limitée à 3 m 20. C'est peu ! Ajoutez à cela les regards courroucés des inévitables pêcheurs qui vous surplombent de très près, la difficulté des croisements éventuels, l'absence d'éclusiers, et vous conviendrez que tout ne va pas pour le mieux dans le meilleur des mondes plaisanciers. Enfin, aux restrictions ci-dessus près, c'est faisable et c'est déjà bien. Ce serait encore mieux si le projet d'élévateur de bateaux de Lizy, sur la Marne, voyait le jour : à partir de là les écluses sont de taille normale et la fin du parcours est très pittoresque. Une croisière Marne-Ourcq avec double transbordement serait très intéressante : prions Saint-Mammès que ce souhait se réalise !

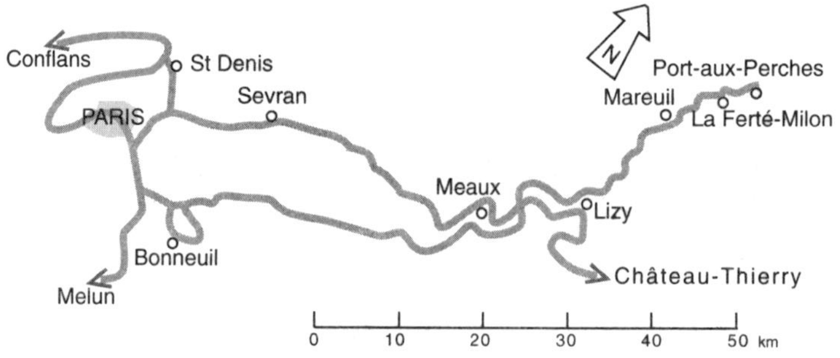

L'Ourcq

Canot de l'Ile Maurice

Sinagot du Morbihan

Bisquine de Cancale

CHAPITRE V
LES BOUCLES

Nous franchissons maintenant un nouveau stade : celui de la croisière de quinze jours à trois semaines, qui permet de boucler des circuits déjà importants et d'aborder le cabotage maritime.

Autant dire tout de suite que les canots de cinq mètres et les petits croiseurs de six mètres ne feront le poids ni par leur confort spartiate, ni par leurs qualités nautiques réduites, et qu'il n'est pas question pour eux de s'aventurer en Manche autrement que pour faire des ronds dans l'eau par très beau temps et à courte distance d'un abri sûr.

Pour leurs grands frères, il n'y a pas de difficultés particulières, si les croisières sont bien préparées. La notion de sécurité prend plus d'importance et, outre l'équipement réglementaire, il ne faudra pas hésiter à emmener pièces de rechange, huiles diverses et carburant de secours. Multiplier les grosses défenses, qui amortissent les chocs dans les écluses à bajoyers inclinés ou à fonctionnement automatique. Emporter une courte échelle d'aluminium, qui peut rendre bien des services pour atteindre un quai élevé ou comme passerelle de coupée ; un grand aviron de bois qui servira à déborder le bateau et, peut-être, à prendre la relève en cas de nécessité du système de barre défaillant. L'annexe pneumatique de service s'impose. Si vous avez la radio VHF à bord, sachez que vous pouvez l'utiliser non seulement en mer, mais également sur la Seine et l'Oise, pour annoncer votre arrivée aux éclusiers.

Le programme de la quinzaine se résume à un choix entre trois boucles : l'Ile de France, la Picardie et (en y ajoutant une semaine) le Nivernais.

1- BOUCLE DE L'ÎLE DE FRANCE

Bien qu'exclusivement "fluvio-canalesque", cette première option est extrêmement variée et pittoresque ; elle constitue, en dépit de quelques imperfections locales, un "must" pour le plaisancier parisien.

Evidemment, comme toute boucle qui se respecte, elle peut être parcourue indifféremment dans les deux sens (à moins que le chômage(21) partiel d'une des voies d'eau concernées n'en rende un obligatoire). Nous choisirons pour cette fois le sens inverse des aiguilles d'une montre.

Les escales successives pourront être :

a) Paris à Joinville ou Nogent-sur-Marne

Quinze kilomètres et deux écluses seulement, toutes vérifications de départ effectuées.

b) Joinville - Poincy

Cinquante kilomètres et cinq écluses. Port de plaisance.

c) Poincy - Nanteuil

Quarante-cinq kilomètres et quatre écluses. Quai.

d) Nanteuil - Dormans

Quarante-huit kilomètres et quatre écluses. Choisir l'appontement rive droite au Nord-Est du pont près de la piscine et du camping au point kilométrique n° 26. Si vous le désirez, vous pouvez pousser vingt-cinq kilomètres plus loin jusqu'au port de plaisance d'Epernay, mais cela fait vraiment une longue étape, et les écluses à bajoyers inclinés ne sont pas spécialement faciles à négocier.

e) Dormans - Condé-sur-Marne

Quarante-cinq kilomètres, sept écluses (dont trois inclinées) et un pont tournant. Le meilleur appontement est situé juste dans l'entrée du canal Aisne-Marne, à main gauche, un peu avant le niveau du radar pour ne pas gêner la circulation.

f) Condé - Sillery

Trente kilomètres, douze écluses automatiques et un tunnel de deux kilomètres : ouf ! Accostage en rive gauche dans la patte d'oie aval de l'écluse.

g) Sillery - Berry-au-Bac

Trente-cinq kilomètres, treize écluses automatiques : le record de la croisière. Faire le plein de carburant à Reims-Marine (Port-Colbert). Bon appontement aux installations de "Champagne Nautisme".

h) Berry - Celles-sur-Aisne

Trente-huit kilomètres, cinq écluses (dont une double). Amarrage au quai du confluent du canal et de l'Aisne, côté rivière, immédiatement à l'aval de la dernière écluse.

i) Celles - Soissons

Dix-huit kilomètres et une écluse. Soit accostage au quai de tourisme (peu de place et pas d'aménagements), soit mouillage dans le bras mort d'une île, 1 km 5 au nord de la ville.

j) Soissons - Compiègne

Quarante-cinq kilomètres et six écluses. Port de plaisance.

k) Compiègne - Creil

Quarante kilomètres et trois écluses. Appontement.

l) Creil - L'Isle-Adam

Trente-cinq kilomètres, trois écluses. Halte de plaisance.

m) L'Isle-Adam - La Frette

Trente-cinq kilomètres, une écluse. Halte de plaisance.

n) La Frette - Paris

Soixante-trois kilomètres, deux écluses.

Une quinzième journée pourrait être consacrée au tourisme pédestre (ou cycliste), pour visiter le bon côté de Reims, ou pour partir à la recherche du vase de Soissons. On peut aussi décider de reconnaître les caves de Champagne entre Epernay et Reims. Dans ce dernier cas, prévoir des "délais de route" supplémentaires, car le retour à bord risque d'être euphorique, mais pas vraiment rapide.

La Marne, sinueuse et changeante, nous réserve la surprise de ses dernières écluses à bajoyers inclinés ; l'accostage en aval des portes est souvent délicat et l'escalade des marches pentues et recouvertes de végétation détrempée peut passer pour un petit exploit. Aussi vaut-il mieux accoster juste après l'entrée de l'écluse, là où le quai est encore vertical, et se cramponner énergiquement de l'avant et de l'arrière pour amortir le bouillonnement du sas qui se remplit. On pourra aider à la manœuvre des ventelles à commandes manuelles.
Le canal latéral à la Marne est doté d'écluses automatiques. La séquence prévue se résumera de la façon suivante : le passage du bateau devant le radar déclenche le feu vert et l'ouverture des portes, que refermera le pivotement d'une perche articulée à l'entrée du sas. Des tirettes bleues et rouges permettent l'ouverture et la fermeture des ventelles, puis l'effacement des portes suivantes. Une perche transversale à la sortie fermera l'écluse derrière vous. Ça, c'est la théorie, car le radar ne se laisse généralement pas impressionner par les coques non-métalliques de nos "menues embarcations". La perche pivotante constitue un piège pour votre étrave, qu'elle se fera un plaisir de rayer ou de maculer de cambouis : il vaut donc mieux maintenir pendant quelques dizaines de secondes ce redoutable engin à bout de gaffe, et passer en douceur sur le côté ; si vous sassez à plusieurs bateaux, seul le dernier doit actionner la perche transversale. Bref, ce qui fonctionne le plus souvent dans ces fameuses écluses, c'est encore le téléphone-interphone qui transmettra vos appels angoissés au malheureux

responsable d'une chaîne de sas, lequel fera plus de kilomètres en mobylette que vous sur l'eau ; une gratification récompensera à propos ses multiples déplacements. Ce canal offre une autre singularité : propre et clair sur le versant Marne, il devient immonde au niveau du bief de partage des eaux. En l'an de grâce 1982, Reims avait obtenu à mon palmarès personnel l'oscar du cloaque le plus infâme de France et de Navarre, devançant d'une courte tête Lille et Dunkerque ; cela est scandaleux pour unc cité qui peut s'enorgueillir par ailleurs de monuments magnifiques comme la fameuse cathédrale. Je ne sais si ces tristes conditions ont changé depuis, mais, dans le cas contraire, veillez à vos hélices et à vos crépines d'aspiration. Surveillez également les évolutions des nombreuses péniches qui circulent et manœuvrent dans le coin. Pour tout dire, ce canal Aisne-Marne, ce n'est pas la joie, mais il faut bien l'emprunter pour accéder à l'Aisne.
Là, Dieu soit loué, tout change. Les écluses électriques sont peu nombreuses et normalement constituées. La circulation est fluide et la rivière et son canal latéral apparaissent propres, verdoyants, et même par endroits, sauvages. De belles propriétés viennent

Boucle de l'Ile de France

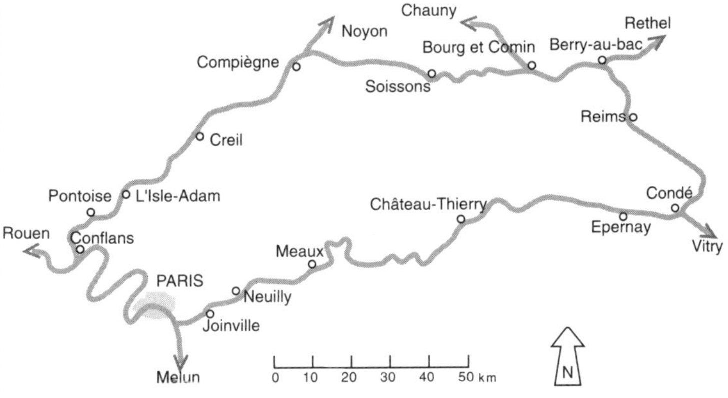

égayer les rives du “bas de l’Aisne” (sic), surtout à partir de Rethondes. A propos de Rethondes, les ponts métalliques rouillés que l’on voit de temps à autre rappellent les lourds trains d’artillerie de la première guerre mondiale, et les furieux combats qui se sont déroulés dans toute cette région ; heureusement, la nature a repris ses droits et recouvre tous ces vestiges d’une végétation luxuriante. Paradoxalement, la traversée de ces paysages laisse une forte impression de sérénité.
Avec l’Oise et la Seine, nous revenons en pays de connaissance et achevons agréablement notre périple.
Cinq cent cinquante kilomètres ont été parcourus en deux semaines et soixante-huit écluses ont été franchies au cours de ce beau voyage au milieu de paysages variés et, sauf la banlieue rémoise, très plaisants.

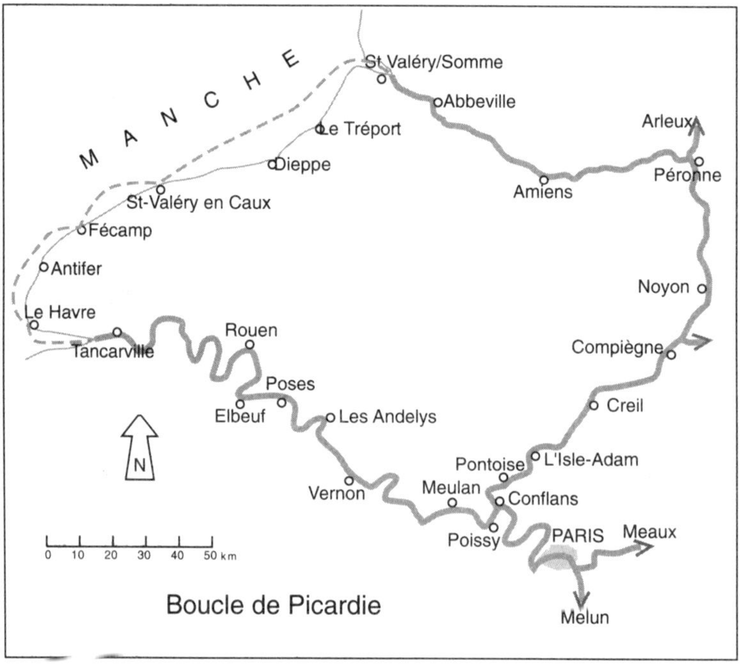

Boucle de Picardie

2- BOUCLE DE PICARDIE

Nous abordons ici la véritable croisière mixte fluvio-maritime et "hélico-vélique", qui constitue le régal des connaisseurs et permet de tirer de notre cabotage de plaisance le maximum de satisfactions pour un minimum de frais (voir le prix de quinze jours de voiture, d'hôtels et de restaurants dans la région, à titre de comparaison).
Là aussi, le sens giratoire est indifférent. On peut préférer descendre la Seine pour profiter ensuite d'éventuels vents d'ouest partants, le long des falaises du pays de Caux. Ou bien remonter l'Oise pour utiliser ultérieurement une marée de flot favorable entre le Havre et Rouen. C'est cette seconde possibilité qui sera exploitée, de façon tout à fait arbitraire, je le reconnais, en vous proposant les haltes ci-après.

a) Paris - Andrésy

Soixante-dix kilomètres et deux écluses. Halte de plaisance.

b) Andrésy - Pont-Sainte-Maxence

Quatre-vingts kilomètres et quatre écluses. Quai d'écluse.

c) Pont-Sainte-Maxence - Pont-l'Evêque

Cinquante kilomètres et cinq écluses. On pourra accoster peu avant l'embranchement vers le canal du Nord sur le quai de droite. Un bassin désert devant une petite place de village, nous a beaucoup tentés, juste avant l'écluse qui mène à Chauny, mais nous n'avons pas osé y risquer notre biquille, craignant de manquer de fond. Peut-être serez-vous plus hardis ?

d) Pont-l'Evêque - Epenancourt

Trente kilomètres seulement, cinq écluses et un souterrain de mille mètres. Accostage au quai amont de l'écluse.

e) Epenancourt - Méricourt

Trente-cinq kilomètres, six écluses et deux ponts mobiles. Mouillage sur ancre au confluent du canal et d'un méandre de la Somme.

f) Méricourt - Amiens

Trente-cinq kilomètres et sept écluses. Amarrage au quai commercial du "port d'aval".

g) Amiens - Saint-Valéry-sur-Somme

Cinquante kilomètres, sept écluses et cinq ponts mobiles. Accostage aux quais rive droite en amont de l'écluse maritime.

h) Saint-Valéry-sur-Somme - Saint-Valéry-en-Caux

Quatre-vingt-dix kilomètres et deux écluses. Port de plaisance.

i) Saint-Valéry-en-Caux - Fécamp

Trente-cinq kilomètres et une écluse. Port de plaisance.

j) Fécamp - Le Havre

Quarante kilomètres, pas d'écluse. Port de plaisance.

k) Le Havre - Rouen

Cent trente kilomètres, pas d'écluse. Plein de carburant à Rouen. Port de plaisance.

l) Rouen - Ile Motelle

Cinquante kilomètres, une écluse. Mouillage sur ancre dans un bras secondaire à hauteur de l'île Tournedos (pointe aval).

m) Ile Motelle - Bonnières

Soixante kilomètres, une écluse. Bon amarrage au petit port de plaisance du bras de Grande-Ile, mais se méfier du seuil rocheux qui barre l'entrée aval à ceux qui calent plus d'un mètre. Faire de préférence le tour de l'île par l'amont, en avançant prudemment.

n) Bonnières - Andrésy

Quatre-vingts kilomètres et deux écluses. Halte de plaisance.

o) Andrésy - Paris

Soixante-douze kilomètres et deux écluses.

La Seine et l'Oise sont déjà de vieilles amies et nous ne vanterons pas à nouveau leurs charmes respectifs.

Le canal latéral à l'Oise nous fait longer beaucoup de péniches immobilisées à hauteur de Janville. Le cadre reste agréable, et la circulation commerciale, assez importante, ne constitue pas une gêne pour le plaisancier.

Le canal du Nord se laisse longuement mériter. Une attente dépassant parfois la demi-journée est à prévoir à l'entrée de la première écluse vers Noyon, car le trafic commercial est bien trop important pour sa contenance. Tant que patientent les "38 mètres 50", vous n'avez aucune chance : elles sassent à deux et ne peuvent vous laisser de place. Ne manquez donc pas d'emboîter le pas à la première "cinquante mètres" qui pointera son museau, et de la suivre fidèlement tout au long du canal, si vous ne tenez pas à perdre trop de temps dans le secteur. A part cela la voie d'eau et ses berges sont rectilignes, propres et assez belles.

Péronne dispose d'un petit port de plaisance bien situé, mais assez encombré ; si les supermarchés ne sont pas loin, on ne trouve en revanche aucun souvenir de notre prudent roi Louis XI, ni du fameux traité qu'il signa ici-même en 1468.

En embouquant la Somme et son canal, nous basculons dans un autre monde, enchanteur et mystérieux. Méandres secrets, tourbières, "hortillons", canards, hérons et poules d'eau confèrent à ce cours d'eau un charme que l'on rencontre rarement. Si nous croisons trois bateaux en une journée, on peut considérer qu'il y a affluence. Le soir venu, un mouillage "forain" s'impose, prélude à la baignade et à l'exploration en canot pneumatique des étangs et marais avoisinants. Amiens est belle vue de terre et sa cathédrale gothique vaut la visite, mais les quais, bien que neufs, ne sont pas prévus pour la plaisance, et l'eau est sale. Quel dommage de voir des emballages de plastique descendre le petit fleuve, étroit et campagnard, à l'aval de la capitale picarde ! Il serait temps que certaines municipalités comprennent qu'elles ont aussi des responsabilités en matière d'environnement et d'éducation “écologique” de leur population.

Le canal maritime relie, sans charme aucun, Abbeville à Saint-Valéry. Attention aux pont mobiles et aux heures de marée, sinon vous ne pourrez pas franchir la dernière écluse !

Le petit port de plaisance de Saint-Valéry-sur-Somme est si accueillant, la cité si agréable et la baie de la Somme si changeante que nous suggérons une halte technico-gastronomique (les “ficelles picardes”) d'une journée. Avant de se lancer à l'assaut des flots de la Manche, tel Guillaume le Conquérant en 1066, il est bon de s'amariner un peu et de s'assurer de la bienveillance de la météo marine.

En effet, notre première étape maritime sera longue, pour des raisons de marée, et nous ne pourrons partir qu'avec un temps maniable (disons en-deçà d'un vent de force cinq, si possible bien orienté). La baie de la Somme découvre largement car le marnage(22) y est important et il faut donc attendre le tout début du jusant(23) pour négocier les virages compliqués du chenal matérialisé d'abord par des perches, puis par des bouées. Si le mauvais temps nous surprenait (ce qui est peu probable, en faisant attention), nous aurions toujours la ressource de nous réfugier à Dieppe, accessible à toute heure. Cependant, cet abri n'est guère à conseiller en temps normal, car les plaisanciers y sont à peine tolérés, dans une eau mazouteuse, par les bateaux à passagers et les chalutiers.

Pour éviter le mal de mer, il semble judicieux, à l'occasion de notre première sortie en mer, de faire prendre à l'équipage quelques comprimés de type Mercalm, Nautamine ou Dramamine, dont le seul effet secondaire est de provoquer une douce somnolence. Et maintenant, stop-moteur et envoyons la toile ! Nous ne sommes pas pressés puisque nous disposons de douze heures pour atteindre Saint-Valéry-en-Caux, "éclusable" pendant quatre heures aux environs de la pleine mer. Une petite brise de force trois-quatre suffira à nous déhaler gentiment sauf, bien entendu, si elle nous arrive de face, auquel cas nous relancerions nos chevaux-vapeur.

Saint-Valéry "bis" (en-Caux, cette fois) est un vrai port de plaisance où les patrons-plaisanciers ne sont pas reçus comme des chiens (de mer) dans un jeu de quilles, et où l'accueil est compétent et efficace.

Toute cette côte est bordée de hautes falaises crayeuses échancrées par quelques "valleuses" ; elle est belle et sauvage, mais ne doit pas être serrée de trop près (disons à moins de trois ou quatre kilomètres) pour éviter le ressac, ainsi que les filets et les casiers mis en place par les pêcheurs. Le courant est alternatif et ne dépasse pas deux nœuds ; la navigation à vue à l'aide de cartes marines ne pose aucun problème par temps clair (par temps vraiment bouché, s'abstenir).

L'étape vers Fécamp est courte et nous pouvons prendre notre temps car ce joli port de pêche et de plaisance est d'accès aisé à toute heure de marée, sauf par gros temps. L'escalade à pied de la falaise ne fait pas une bien longue excursion et procure une vue imprenable sur la suite des falaises et sur la mer... L'Angleterre est trop loin pour être visible.

L'entrée dans le Havre est permanente, tellement permanente même qu'après avoir contourné la jetée d'Antifer nous devrons nous méfier des pétroliers, vracquiers et paquebots de liaison qui exécutent un ballet incessant aux abords du grand port de commerce. Cependant, si l'on se conforme aux indications du mât des signaux et si l'on ne navigue pas dans le chenal réservé aux grands navires, il n'y a pas de difficulté particulière ; le bassin de plaisance est à main gauche après la grande passe : ne pas serrer de trop près les jetées à marée basse sous peine d'échouement (provisoire).

La navigation vers Rouen constitue la plus longue de notre périple. Le départ doit avoir lieu à marée basse pour profiter du courant portant, et il n'y a pratiquement pas de possibilités d'amarrage avant les pontons de la capitale normande. Il ne faut pas couper tout droit à travers la rade de la Carrosse sur l'embouchure de la Seine, à cause des hauts-fonds, mais arrondir par l'ouest des bouées à fuseau. Il est parfaitement possible de conserver la voilure haute jusqu'aux ponts de Rouen, mais il faut avancer à au moins dix kilomètres-heure et veiller à ne pas gêner les navires de commerce en naviguant dans le chenal. Le courant nous amènera alors au port de plaisance de l'île Lacroix en dix-onze heures.

Cette (mémorable) première croisière mixte représente un total de quinze journées de navigation (prévoir deux jours supplémentaires, en cas de météo défavorable), neuf cents kilomètres et quarante-sept écluses. Ça, c'est du bateau !

3- BOUCLE DU NIVERNAIS

Changeons encore une fois totalement de direction et d'ambiance en entamant une grande classique que se disputent les brochures publicitaires d'une bonne dizaine de sociétés de location tant françaises qu'anglaises : le canal du Nivernais.

En fait, et en dépit de la distance relativement faible à parcourir, il s'agit d'une véritable expédition. Qu'on en juge : sept cents kilo-

mètres seulement, mais deux cent trente écluses, manuelles pour la plupart, le long de six cours d'eau différents. Sur l'Yonne, les écluses possèdent des bajoyers inclinés (voir chapitre sur la Haute Marne). Le Nivernais lui-même restreint le tirant d'eau à 1 m 20, (et parfois moins), le tirant d'air à 2 m 50 ; la longue tranchée de La Collancelle comporte trois étroits souterrains mal éclairés ; l'échelle de Sardy aligne ses seize écluses sur trois kilomètres ; la circulation est arrêtée un jour par semaine ; douze ponts mobiles (difficilement) ralentissent encore la progression entre Auxerre et Chitry.
Mais, à côté de ces inconvénients, que de merveilles ! Pour les amoureux de la nature, les voûtes de feuillage, les prairies fleuries, les vignobles célèbres, les roches du Saussois, les étangs de Baye et de Vaux. Pour les fanatiques de vieilles pierres, les abbayes romanes de Moulins-Engilbert, Chatillon-en-Bazois, Aunay ; les châteaux de Lucy-sur-Yonne, Chitry, Dirol, Mailly ; les églises de Sens, Laroche, Auxerre, La Charité, Montargis et Nemours ; le pont-canal de Briare. Pour les gastronomes, les différents crus (Chablis), les tables de la région de Mailly-le-Château.
Le parcours en Seine représente quatre-vingt quinze kilomètres et huit écluses ; l'Yonne, cent huit kilomètres et vingt-six écluses ; le Nivernais, cent soixante-quatorze kilomètres et cent dix écluses ; le canal latéral à la Loire, cent trente kilomètres et vingt-cinq écluses ; les canaux de Briare et du Loing, cent quatre kilomètres et cinquante écluses ; la Seine au retour, quatre-vingt cinq kilomètres et huit écluses.
Compte tenu des irrégularités de ce circuit, il n'a pas semblé utile cette fois d'établir des étapes types, qui seront réalisées au gré de chacun, mais d'indiquer certaines possibilités d'accostage ou de mouillage (il en existe bien d'autres). Ce sont dans l'ordre : Melun et Montereau, sur la Seine ; Sens, Laroche et Auxerre, sur l'Yonne ; Vermenton (Eure), Clamecy, Corbigny, Baye, Chatillon-en-Bazois, Cercy-la-Tour et Decize, sur le Nivernais ; Nevers, La

Charité, Cosne, Briare, Montargis et Nemours, sur les canaux de la Loire.

En fonction du rythme adopté, il faudra compter trois semaines en moyenne pour regagner le ponton de l'Arsenal, la tête pleine de souvenirs, la coque de griffures, et l'appareil photographique d'images pittoresques : un beau voyage dans la "doulce France".

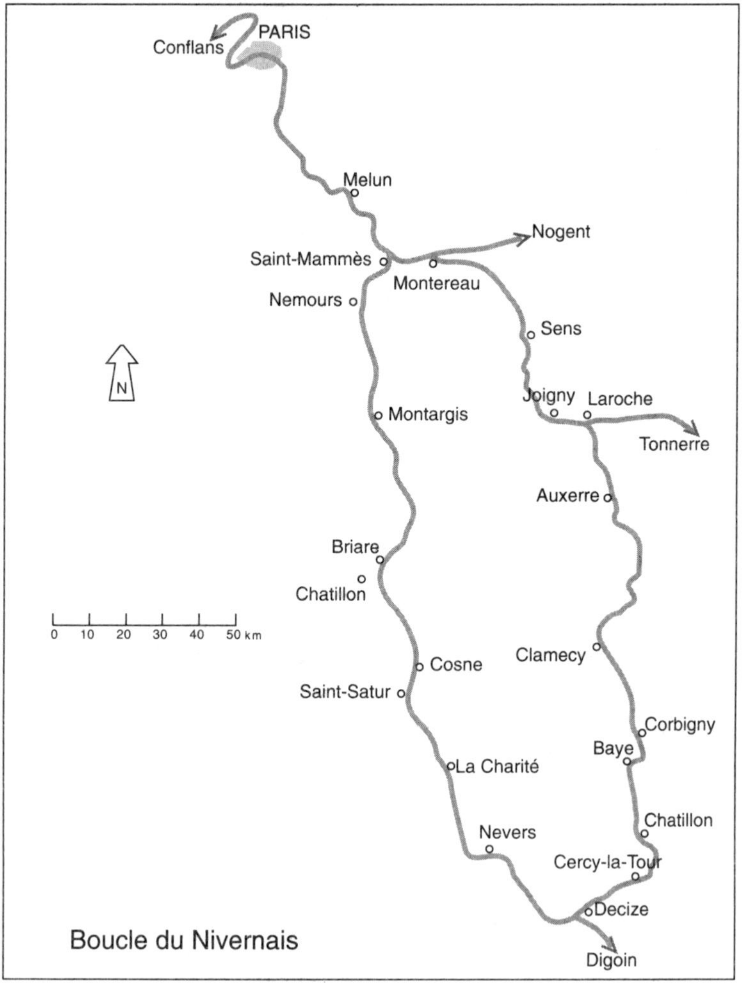

Boucle du Nivernais

CHAPITRE VI
CROISIÈRES INTERNATIONALES

Ce type de randonnée au long cours, qui inclut des traversées pouvant aller jusqu'à cent trente kilomètres en ligne droite, nc devrait être effectué qu'en toute sécurité, c'est-à-dire avec des bateaux d'au moins huit mètres de long, armés en troisième catégorie, et avitaillés pour que leur équipage tienne le coup pendant près d'un mois.

Il n'est plus envisageable de profiter de "ponts" plus ou moins longs, ni même des congés de Pâques, pour se changer les idées. La croisière projetée est devenue le but unique des grandes vacances. Il ne faut rien laisser au hasard, mais préparer son affaire longtemps à l'avance : ce n'est pas au dernier moment que l'on essaiera de remplacer un arbre d'hélice faussé depuis six mois, ou que l'on achètera en vrac un lot de documents nautiques que l'on n'aura pas soigneusement étudiés auparavant. Ceci est particulièrement vrai des cartes de courants, de l'annuaire des marées et des opuscules météorologiques concernant la région considérée.

Deux croisières sont décrites ci-après : l'Angleterre méridionale et les Pays-Bas, mais il est évident que, si vous disposez d'une longue période et d'un budget de loisirs confortable, rien ne vous empêche de pousser jusqu'aux îles Sorlingues (et non pas Scilly, bonnes pour John BULL !), ou jusqu'au Danemark.

Tout cela est à portée de la compétence du patron-plaisancier moyen pourvu, répétons-le, qu'il ne s'embarque pas sans préparation. De tels voyages, même s'ils n'ont rien de commun avec la traversée des "Roaring Forties", feront certainement date dans l'histoire de vos vacances.

1- CROISIÈRE ANGLAISE

Qui a dit que l'Angleterre n'était que pluie et "fog" ? Avec un minimum de chance, vous profiterez d'un soleil certes plus voilé que sur la Côte d'Azur, mais cependant bien réconfortant, et qui n'en finit pas de se coucher au cours des longues et calmes soirées d'été.
La double traversée que nous allons réaliser pour nous rendre au pays de Monsieur Pickwick, et pour en revenir, appelle quelques commentaires.
D'abord, la navigation nous fera rapidement perdre la côte de vue. Aussi faut-il disposer d'un compas soigneusement étalonné, d'un loch, d'un sondeur et d'un radio-goniomètre de bonne qualité ; ces instruments sont d'un prix relativement modique, et leur utilisation est extrêmement simple.
Ensuite, les courants de Manche-Est sont traversiers ; autrement dit, ils nous déporteront vers l'Ouest ou vers l'Est suivant l'heure.

Arrivée à Brighton

Les calculs à effectuer ne sont guère compliqués, mais les négliger pourrait conduire à prendre Brighton pour Newhaven, ce qui n'est pas bien grave, ou à… manquer la presqu'île du Cotentin, ce qui le serait beaucoup plus !
Quant aux vents dominants dans cette zone, ils viennent eux aussi soit de l'Ouest, soit de l'Est. La navigation Nord-Sud et Sud-Nord s'effectuera donc généralement à une allure proche du vent de travers, tout à fait agréable à notre voilure quasi-carrée. Le cabotage le long des côtes françaises et anglaises aura lieu aux allures portantes, ce qui est parfait, ou contre le vent, ce qui nous obligera à affaler la toile et à jouer à la vedette : qu'à cela ne tienne ! Si les étapes côtières peuvent se contenter d'un vent faible et d'un train de sénateur pour aller à la voile, la relative longueur des traversées exige que nous n'avancions pas en-dessous d'une vitesse de quatre-cinq nœuds ; cela nous contraindra parfois à appuyer la voilure au moteur pour ne pas arriver à destination de nuit. En tout état de cause, une utilisation moyenne de la force du

Coucher de soleil à Chichester

vent devrait nous assurer, en Manche, une économie de carburant d'au moins cinquante pour cent, sans parler de l'économie de décibels, ni de l'agrément général.

Enfin, avant d'attaquer le "Channel", il faut absolument débarquer notre chien-matelot, ou notre chat-pêcheur, car les Britanniques sont atteints d'une véritable phobie anti-rabique et refusent d'accueillir sur leur sol, fut-ce momentanément, tout animal étranger, même dûment vacciné selon la norme internationale. Enfreindre cet interdit, partout rappelé, nous conduirait tout droit aux geôles de Sa Majesté, et nous coûterait une petite fortune en amendes diverses.

Les distances que nous indiquons sont, pour une fois, calculées en milles marins[24], non pour faire "branché", mais parce que notre loch ne connaît que cette mesure et que la ligne tracée à la "règle de Cras"[25] n'est pas forcément celle que nous suivrons en mer.

a) Paris - Andrésy

Trente-huit milles et deux écluses. Halte de plaisance.

b) Andrésy - Vernon

Trente-neuf milles et deux écluses. Port de plaisance.

c) Vernon - Ile Motelle

Vingt-quatre milles et une écluse. Mouillage sur ancre.

d) Ile Motelle - Rouen

Vingt-deux milles et une écluse. Port de plaisance.

e) Rouen - Le Havre

Soixante-dix milles et douze heures de trajet à six nœuds sur l'eau. Départ à basse mer de Rouen. Port de plaisance.

f) Le Havre - Fécamp

Petite étape de vingt-deux milles, à considérer comme une mise en condition avant la traversée. S'assurer de la bonne tenue des estomacs non amarinés !

g) Fécamp - Brighton Marina

Soixante-quatorze milles en douze-quatorze heures, suivant la vitesse du bateau et la direction du vent. Ne pas partir par vent dépassant la force cinq et, en particulier si l'arrivée prochaine d'une dépression d'ouest est annoncée. Attention à la traversée du "rail" très fréquenté par les grands navires : l'intersection de cette ligne permet de connaître la distance parcourue depuis le point de départ, mais il ne faut pas tenter de passer à tout prix sur l'avant d'un pétrolier : dans le meilleur des cas, vous regretteriez la rencontre ! Ne pas omettre d'envoyer "l'Union Jack" en barre de flèche (ou hauban) tribord, ni le pavillon jaune de douane "Q" à bâbord quand vous franchirez (triomphalement) la limite des eaux territoriales britanniques. La pointe claire de Beachy Head peut vous aider à vous recaler si vous avez fait trop d'est, et le radio-goniomètre vous permettra de localiser Royal Sovereign, Newhaven et Brighton. Arrivée majestueuse dans la marina, où les formalités de douane et d'immigration sont rapidement accomplies (sans chien, ni chat, évidemment !). Une constatation : l'accueil anglais est efficace et sympathique, mais la nuit à l'appontement n'est pas donnée - donnée, et la livre sterling, qu'on vous disait naguère moribonde, se porte diablement bien !

h) Brighton - Chichester - Harbour

Cinquante-sept milles. Navigation en vue de côte. Se méfier des courants alternatifs dans l'étroit chenal navigable de The Looe, car la pointe de Selsey Bill est prolongée de hauts-fonds et de brisants dans lesquels mieux vaut ne pas s'aventurer. L'embouchure de Chichester-Harbour doit être franchie à l'étale ou pendant le flot, car les courants de jusant sont trop forts pour être remontés. Chichester fait penser au golfe du Morbihan, et le paysage est magnifique avec ses cottages cossus, ses jardins anglais croulant de fleurs et ses bateaux astiqués. On mouillera à hauteur de la courbe d'Itchenor, à couple de structures flottantes ; les nombreuses bouées d'amarrage sont bien tentantes, mais elles ont toutes leur propriétaire, et le voir revenir à deux heures du matin peut occasionner quelques difficultés.

i) Visite tranquille des différents bras de Chichester Harbour, qui représente une dizaine de milles, ou promenade à terre et farniente permettent de souffler un peu pendant une journée.

j) Chichester - Beaulieu River

Trente milles. Nous voici en plein Solent, la Mecque de la voile britannique, ce qui n'est pas peu dire : eh bien, figurez-vous que vedettes de plaisance pépères et fiers voiliers de course cohabitent sans histoires dans ces eaux ! Pour un Anglais, sinon pour un Français, un plai sancier est un plaisancier, qu'il soit véliste ou motoriste. Rien d'étonnant donc au succès remporté en Grande-Bretagne par les "motor-sailers", ou voiliers mixtes. La remontée en forêt de Beaulieu River la bien-nommée est idyllique, encore plus belle que celle de Chichester. Nous nous amarrerons au petit port de plaisance, pompeusement dénommé "Marina", en ayant un regard pour l'ancien chantier naval d'où sortit le "Victory", bateau-amiral de Nelson. Plus près de nous dans le temps, ces berges accueillantes fourmillèrent de chantiers de guerre, constructeurs des bateaux de débarquement d'Overlord en 1944. A partir des pontons du port, une promenade à pied le long de la rivière, dans les bois, est fortement conseillée.

k) Beaulieu - Poole

Trente milles. Il est préférable de franchir le goulet des

Needles avec courant portant et de longer aussitôt la pointe du fort, plutôt que de continuer plus loin en mer, où les remous sont nettement plus forts. Respecter le balisage mis en place. L'embouchure de Poole Harbour est un endroit hautement fréquenté où les vedettes rapides de toutes tailles passent à plein régime. L'emplacement le plus sûr pour passer notre dernière nuit anglaise est la surprenante marina de Poole, entourée de palplanches métalliques ; son accès en chicane n'est pas large et il convient de s'y engager avec précaution pour éviter toute collision avec un plaisancier sortant. La nuit à l'appontement pour un bateau de neuf

Croisière anglaise

mètres est revenue à 10 £ 5 en juillet 1984, ce qui représente un (triste) record.

l) Poole - Cherbourg

Soixante-dix milles. Le but de cette traversée est la côte normande. Pour l'atteindre commodément, nous choisirons un jour pas trop venté (force cinq au maximum) et un coefficient de marée moyen. Nous avons de fortes chances de naviguer au grand largue, qui est l'allure rêvée. Ne pas oublier la dérive de marée, nettement plus forte que lors de la traversée aller. Il ne faut surtout pas se laisser entraîner dans les très violents courants du raz Blanchard, à l'Ouest de la presqu'île du Cotentin. Le moyen le plus sûr d'arriver à bon port consiste à se faire tirer en "homing" sur les vingt derniers milles par le radiophare de Cherbourg. Le retour dans la mère-patrie sera fêté dignement par un souper dans l'un des excellents restaurants de Cherbourg, le navire tranquillement amarré aux pontons du port de Chantereyne.

m) Cherbourg - Saint-Vaast-la-Hougue

Vingt-cinq milles et une écluse. Cette étape est brève, mais il vaut mieux choisir son horaire de passage au raz de Barfleur en fonction des heures de marée, de façon à n'être pas trop secoué par un courant défavorable. Saint-Vaast est un très agréable port de plaisance récent et bien aménagé, où l'on accède six heures par marée en empruntant le sas d'une écluse maritime. Rien n'empêche de compléter l'ordinaire par des spécialités de coquillages, crustacés et poissons frais pêchés par les chalutiers autochtones.

n) Saint-Vaast - Ouistreham

Cinquante-cinq milles et deux écluses. A part les îles Saint-Marcouf, qui portent les ruines d'un fort anglais, rien ne vient rompre la monotonie de la côte, généralement basse et qu'il est préférable de déborder largement pour éviter les hauts-fonds. L'arrivée sur Ouistreham serait réussie, avec le joli port sur le canal, si l'accès à ce dernier n'était pas rendu problématique par l'attitude des éclusiers, qui manœuvrent leurs portes à des heures connues d'eux seuls, calculées semble-t-il non pas en fonction de la marée haute, ce qui serait trop évident, mais plutôt de manière à enquiquiner au maximum les plaisanciers. En espérant l'hypothétique sassement, amarrez donc votre bateau au quai d'attente aval et prenez votre mal en patience : tout finit par arriver, et même l'ouverture de l'écluse d'Ouistreham.

o) Ouistreham - Caen

Huit milles. Maintenant que nous y sommes dans c e canal, autant en profiter pour pousser jusqu'à Caen, que nous atteindrons après avoir passé quelques ponts mobiles. Le petit port de plaisance est rustique, mais nous permet d'aller recompléter nos provisions et d'admirer en promenade l'abbaye aux Hommes, l'abbaye aux Dames et l'église Saint-Pierre.

p) Caen - Le Havre

Trente milles et une écluse. Notre grande virée en Manche s'achève, mais ne rangeons pas pour autant nos voiles, qui peuvent encore nous servir demain, en cas de vent d'ouest.

q) Le Havre - Rouen

Soixante milles (loch). Départ à la basse mer pour atteindre le port de l'île Lacroix dix à onze heures plus tard.

r) Rouen - Tosny

Quarante milles et une écluse. Abordage à un ponton privé situé dans un bras mort de la Seine quelques kilomètres en amont des Andelys, ou au port situé sous le Château-Gaillard.

s) Tosny - Andrésy

Soixante-cinq milles et trois écluses. Amarrage au ponton du PAP.

t) Andrésy - Paris

Quarante milles et deux écluses.

Tout compris, cette visite à nos voisins d'Outre-Manche totalise environ quinze cents kilomètres pour seulement dix-sept écluses en trois semaines de navigation. Il est prudent de prévoir trois jours supplémentaires pour pallier les aléas météorologiques.
La découverte des îles Sorlingues à l'extrême occident de la côte anglaise se chiffrerait par une dizaine de journées en plus marquées par les étapes de Portland, Torquay, Plymouth et Penzance, le long d'une côte découpée de rias magnifiques.

2- CROISIÈRE BATAVE

Que pourrions-nous rêver de mieux comme objectif pour notre caboteur de plaisance mixte que ces pays amphibies aux eaux mélangées que sont Belgique et Hollande ? Les héritiers de la Ligue Hanséatique et des Gueux de la Mer ne sont pas des apprentis en matière de navigation fluvio-maritime, et leur contrée est plus aisément et plus bellement visitée par voie d'eau que par voie de terre.
Il est envisageable de monter en Hollande et d'en redescendre exclusivement par les canaux mais, fidèle à nos choix, nous préférons pour notre part sillonner la mer en concurrence avec la rivière, à la voile dès que possible. D'ailleurs, si la distance à parcourir est un peu plus longue, nous "économisons" une dizaine

d'écluses en coupant par Amiens. Enfin, le paysage du canal du Nord et celui de la liaison Arleux-Dunkerque ne soutiennent pas la comparaison avec celui de la Somme. Nous réserverons donc le retour (ou l'aller, suivant le sens préféré) au voyage en canal et, cette fois, tant pis pour les écluses, nous jetterons notre dévolu sur le canal de Saint-Quentin, pour varier les plaisirs !

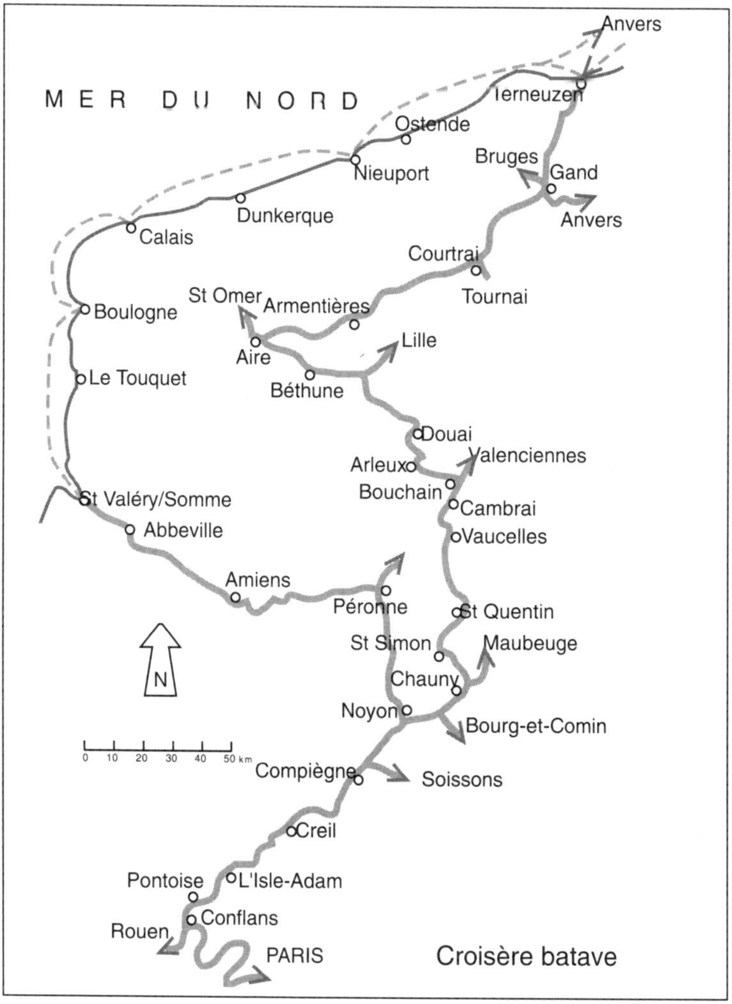

a) Paris - Pontoise

Quatre-vingt-cinq kilomètres. Trois écluses. Quai avec bollards près de la piscine.

b) Pontoise - Compiègne

Quatre-vingt-cinq kilomètres, six écluses. Port de plaisance.

c) Compiègne - Sermaize

Trente kilomètres et cinq écluses. Quai de l'écluse.

d) Sermaize - Péronne

Quarante kilomètres et quatre écluses. Port de plaisance.

e) Péronne - Méricourt

Vingt-cinq kilomètres, quatre écluses et deux ponts mobiles. Mouillage sur ancre.

f) Méricourt - Amiens

Trente-cinq kilomètres et cinq écluses. Quai commercial du port d'aval.

g) Amiens - Saint-Valéry-sur-Somme

Cinquante kilomètres, sept écluses et cinq ponts mobiles. Quai rive droite en amont de l'écluse maritime.

h) Saint-Valéry - Boulogne

Soixante-dix kilomètres et une écluse. Partir de Saint-Valéry (où on aura de préférence passé une journée supplémentaire et franchi l'écluse de mer pour ne pas être bloqué au dernier moment) à marée haute ou au début du jusant,si les conditions météo sont bonnes. Ne pas serrer la côte et se résigner à subir un clapot quelque peu inconfortable, sauf par calme plat, en raison du manque de profondeur. Le port de plaisance de Boulogne est bien abrité au sein des grandes infrastructures de pêche et de commerce, et la digue extérieure, en cours de reconstruction, protège efficacement de la houle.

i) Boulogne - Calais

Quarante kilomètres et une écluse. Franchir le Pas-de-

Calais avec la marée favorable et faire attention au trafic des grands navires. Amarrage au port de plaisance.

j) Calais - Nieuport

Soixante-dix kilomètres et une écluse. Ne pas oublier d'arborer les couleurs belges et le pavillon Q en franchis sant la frontière maritime. Très grande marina à Nieuport, où les formalités douanières pourront être rapidement menées. Après Nieuport, commence la croisière flamande, qui nous conduira en Zélande. Notre prochainc étape peutêtre Flessingue et, à partir de là, nous croiserons dans les embouchures occidentale et orientale de l'Escaut, véritables bras de mer où la plaisance de tout tonnage est bienvenue, malgré l'ampleur du trafic professionnel. Il est impossible de fixer d'itinéraire précis en Zélande, tant les possibilités d'escale sont nombreuses, mais le petit cabotage à voile nous y retiendra bien une semaine. Citons les ports de Kortgène, Collijnplaat, Zierikzee, Bruinisse, Willemstad, Stavenisse.

Nous ferons notre rentrée en canal par Terneuzen, plutôt que par Anvers, vraiment trop géant pour nous, et bien que l'Escaut soit un fleuve agréable.

k) Terneuzen - Gand

Trente-cinq kilomètres et deux écluses. Gand, patrie de Charles Quint, vaut une visite, bien que ses quais soient mieux adaptés au commerce qu'à la plaisance. Voir la cathédrale Saint-Bavon et le Château Comtal.

l) Gand - Menin

Soixante-quinze kilomètres et trois écluses. Quai commercial.

m) Menin - Armentières

Trente kilomètres et deux écluses. Agréable port de plaisance à Près-du-Hem.

n) Armentières - Aire-sur-Lys

Soixante-cinq kilomètres et sept écluses. Quai commercial.

o) Aire - Douai

Soixante-cinq kilomètres et deux écluses. Quai commercial.

p) Douai - Bouchain

Trente kilomètres et deux écluses. Port de plaisance du Bassin Rond.

q) Bouchain - Vaucelles

Trente kilomètres.

r) Vaucelles - Saint-Quentin

Trente kilomètres.

s) Saint-Quentin - Chauny

Quarante kilomètres. De Bouchain à Chauny, il faut compter quarante écluses et un souterrain, qui occuperont trois journées de navigation, s'achevant sur des accostages plus ou moins appropriés à des quais commerciaux.

t) Chauny - Compiègne

Quarante kilomètres et quatre écluses. Port de plaisance.

u) Compiègne - L'Isle-Adam

Soixante kilomètres et six écluses. Halte de plaisance.

v) L'Isle-Adam - Bougival

Soixante kilomètres et deux écluses. Halte de plaisance.

w) Bougival - Paris

Cinquante kilomètres et une écluse.

Pour aller en Hollande et en revenir, il faut compter environ 1 100 kilomètres, cent neuf écluses et vingt-trois jours de navigation, auxquels on ajoutera une semaine de cabotage en Zélande, représentant quelque trois cents kilomètres et dix écluses supplémentaires. Une longue, belle et pittoresque croisière au plat pays des moulins flamands.

CHAPITRE VII
D'UNE MER À L'AUTRE

Paris, cœur de la France, se trouve par définition au centre d'une toile d'araignée de communications routières, ferroviaires et fluviales, comme chacun sait, et devrait donc avoir accès directement à la Manche et à la mer du Nord (c'est fait, nous l'avons vu), à la Méditerranée (nous l'allons voir) et à l'Atlantique (nous pourrions le voir).
Mais ne nous leurrons point : on ne descend pas à Cannes aussi facilement, ni bien sûr aussi rapidement par voie d'eau que par l'autoroute du soleil, ou même la Nationale 7, chère à Trenet. Il faut consacrer à la descize[26] un mois au lieu d'un jour, et il est hors de propos d'escompter utiliser notre "coche d'eau" pour amener la petite famille en vacances, et la ramener ensuite à temps pour prendre le premier métro de la rentrée. Notre voyage s'apparentera bien davantage à une migration temporaire, en imitant en cela nombre d'oiseaux de mer et d'eau douce. On peut, bien évidemment, descendre le bateau un été pour le remonter l'été suivant et, si possible, par un itinéraire différent.

1- PARIS - MÉDITERRANÉE

Cette traversée de la France, du Nord au Sud, empruntera au choix trois, et même, avec le Nivernais, quatre voies différentes, qui ont toutes leurs avantages et inconvénients respectifs.
L'itinéraire le plus direct (de peu) suit l'un après l'autre les cours de la Haute Seine, de l'Yonne, du canal de la Bourgogne, de la

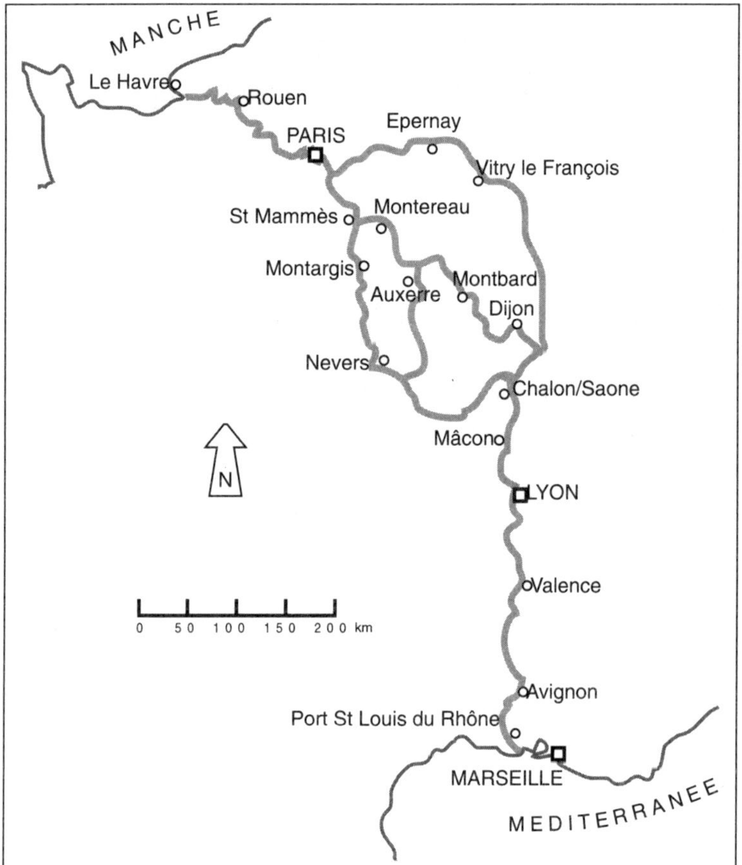

Paris Méditerranée

Saône et du Rhône. Il représente neuf cent quarante-cinq kilomètres et, hélas, deux cent trente écluses. Principaux avantages : une des plus belles voies d'eau de France avec le canal de Bourgogne, fréquenté presque exclusivement par des plaisanciers ; un tirant d'eau d'un mètre quatre-vingts ; pas mal de ports et de haltes nautiques. Inconvénients : les bajoyers inclinés de l'Yonne ; les écluses en rafales de Pouillenay, de Chassey et de Marigny (trente-sept écluses en moins de treize kilomètres, record de France toutes catégories) ; le long tunnel étroit de Pouilly-en-Auxois (3 333 mètres de long sur cinq mètres de large) ; la journée de repos hebdomadaire des éclusiers (à moins de passer en régulation, onéreuse). Etapes agréables à Saint-Florentin, Tonnerre (hôpital du XVIIème siècle), Tanlay (château Renaissance), Ancy-le-Franc (château Renaissance), Ravières, Buffon (et la forge du naturaliste), Montbard (abbaye cistercienne de Fontenay), Venarey (site d'Alesia ?), Marigny-le-Cahouet (église et château du XVème siècle), Pouilly-en-Auxois, Château Neuf (château... vieux), Pont d'Ouche, Dijon (capitale des ducs de Bourgogne, cathédrale, palais, musées et hôtels particuliers). Les gastronomes n'auront que l'embarras du choix : grands crus de Chablis, Côtes de Beaune et Côtes de Nuits ; grandes tables de Tonnerre, Pouilly et Dijon. Cela fait entre trois semaines et un mois de navigation.

Le deuxième chemin d'eau descend par la Haute-Seine, les canaux du Loing, de Briare, latéral à la Loire et du Centre, puis rejoint la Saône à Chalon et le Rhône. Le kilométrage passe à neuf cent cinquante unités, mais le nombre des écluses à franchir tombe à cent soixante et onze. Points forts : tirant d'eau, d'air et largeur calculés pour les péniches, pas d'arrêt de travail hebdomadaire, biefs assez longs. Points faibles : densité de la circulation, surtout à Saint-Mammès, paysages monotones, écluses automatiques sur le canal du Centre. Haltes possibles à Nemours, Montargis, Briare, Saint-Satur, La Charité-sur-Loire, Decize, Digoin, Montceau-les-Mines, Chagny et Chalon-sur-Saône. Ce périple ne dure pas plus de trois semaines.

L'itinéraire du Nivernais n'est en fait qu'une variante du précédent, qu'il rejoint à Decize après avoir remonté l'Yonne. Il est cependant plus long, avec ses mille kilomètres et une bonne vingtaine d'écluses supplémentaires ; il est surtout très lent à cause de son petit gabarit, ses tunnels, ses arrêts d'écluses chaque semaine,

et ses ponts mobiles. Très beau, il allonge le voyage d'une semaine environ. Etapes de Sens, Laroche, Auxerre, Vermenton, Clamecy, Corbigny, Baye, Chatillon-en-Bazois, Cercy-la-Tour et Decize.
Enfin, voici l'anticonformiste de cette "bande des quatre", qui refuse le trajet en Seine et fait plein Est via la Marne, son canal latéral, et le long canal de la Marne à la Saône. Il est pénalisé par la distance : 1 030 kilomètres, mais ne comporte "que" cent soixante six écluses. Ce parcours est handicapé par le type de certaines de ses écluses (à bajoyers inclinés en Haute-Marne, automatiques sur la seconde moitié du canal latéral à la Marne), par la présence de ponts mobiles, l'arrêt hebdomadaire des écluses et le petit nombre des installations de plaisance. Après Epernay, nous pourrons nous arrêter à Condé-sur-Marne, Châlons-sur-Marne, Vitry-le-François, Saint-Dizier, Joinville, Chaumont, Langres, Heuillay, Auxonne et Saint-Jean-de-Losne. Comptons largement trois semaines pour rejoindre la Méditerranée.

Lequel choisir de ces quatre itinéraires ? Cela dépendra des goûts de chacun et des périodes de chômage des canaux, qui peuvent condamner provisoirement l'une des voies d'eau. Le "Bourgogne" est le plus beau, le "Loire" le plus rapide, le "Nivernais" le plus varié, et le "Marne" le plus équilibré.
Venons-en au tronc commun de cette ramure fournie de branches d'eau, c'est-à-dire à la portion Saône-Rhône. Nous retrouvons là le grand gabarit, ses rares écluses géantes et ses longs biefs qui nous conduisent vers le soleil. Pas de difficultés particulières pour le patron-plaisancier, qui appréciera de pouvoir décrasser son moteur et faire des étapes de cent kilomètres en oubliant l'allure d'escargot rhumatisant imposée jusqu'à la Saône. Les profondes écluses du Rhône (dont la dénivelée dépasse parfois

les vingt mètres) sont impressionnantes mais non dangereuses, et leurs bouées flottantes sont bien adaptées à la plaisance. Se méfier seulement du mistral et d'un courant parfois vif, susceptibles de dévier la trajectoire du bateau. Arrêtons-nous un instant aux plus beaux moments de la descize. Tournus (église romane Saint-Philibert), Mâcon (patrie de Lamartine et du bien-vivre), Collonges et "son" Bocuse, Lyon (trésors archéologiques, architecturaux et culinaires de la cité de Monsieur Brun), Valence (cathédrale romane), Montélimar, royaume du nougat, Avignon, magnifiquc cité des papes, Arles (arènes, théâtre antique, nécropole des Alyscamps, cathédrale Saint-Trophime) ; pour arroser le tout, les vins des Côtes-de-Nuits, du Mâconnais, du Beaujolais. Le pied, quoâââ ! Pour nos amarrages vespéraux, nous pouvons compter sur : Saint-Symphorien, Chalon-sur-Saône, Tournus, Mâcon, Villefranche, Lyon, Givors, Vienne, Tournon, Valence, Montélimar, Avignon, Tarascon, Arles et enfin Port-Saint-Louis-du-Rhône, qui nous enverra après une dernière écluse, voguer sur la Méditerranée.

2- PARIS - ATLANTIQUE ?

A regarder la carte générale de France, rien de plus simple, ni de plus rapide que de joindre Paris par la Seine et la Manche à Saint-Malo, puis, par la liaison bretonne, Saint-Malo à la baie de Quiberon.

Aïe ! La première partie du voyage, jusqu'à Cherbourg ne pose pas, comme indiqué plus haut, de problème spécial et ne prendra pas plus de huit jours. Mais, arrivés là, les choses se corsent, et sérieusement. Ne parlons pas des limitations de tirant d'eau imposées par le merveilleux canal d'Ille-et-Rance et la Vilaine qui restent avec 1 mètre 10 (et grâce à l'action incessante du

Comité des canaux bretons) dans des normes somme toute acceptables.

Certains plaisanciers, plus ou moins inconscients, franchissent le cap de La Hague comme on franchit le Cap-Brun, à Toulon, c'est-à-dire sans précautions particulières. Tous les ans quelques-uns n'en reviennent pas. Les professionnels du cru savent que la mer est très dangereuse dans les parages dès que le vent se lève d'une octave dans les haubans et que la marée prend la houle à rebrousse-poil. Le passage du Singe, les Casquets et le passage de la Déroute, qui suivent le cap, pavés de récifs et de hauts-fonds, ne valent guère mieux.

Il faut savoir en effet que les courants atteignent la vitesse de dix nœuds en formant le raz Blanchard plus mal famé encore que celui de Sein ; les étales de flot et de jusant ne durent que quelques minutes, et l'amplitude de la marée interdit tout accès pendant vingt heures par jour dans les petits ports de la côte ouest du Cotentin. En conséquence, si vous ne connaissez pas parfaitement la région, nous vous déconseillons fermement de l'aborder en transit entre Cherbourg et les îles anglo-normandes.

C'est bien ennuyeux, car la traversée de la Bretagne en canal est si belle ! Pour les téméraires qui auraient néanmoins franchi le raz Blanchard, et pour les prudents qui auraient transporté (ou fait transporter suivant sa taille) leur bateau par la route jusqu'à Saint-Malo, nous allons décrire ce parcours. Deux cent quarante-quatre kilomètres pour soixante-quatre écluses, en moins d'une semaine, voilà qui est raisonnable. Le cachet de notre ville départ, la cité corsaire de Saint-Malo, ne laissera personne indifférent. A la suite du bief maritime de l'usine marémotrice de la Rance, qui mène à Dinan, jolie ville médiévale perchée sur sa falaise, nous entamons la découverte du canal d'Ille-et-Rance, aussitôt franchi un pont du XIIème siècle. Grands chênes, hêtres pourpres, châtaigniers, vieilles fermes et lavoirs d'autrefois nous

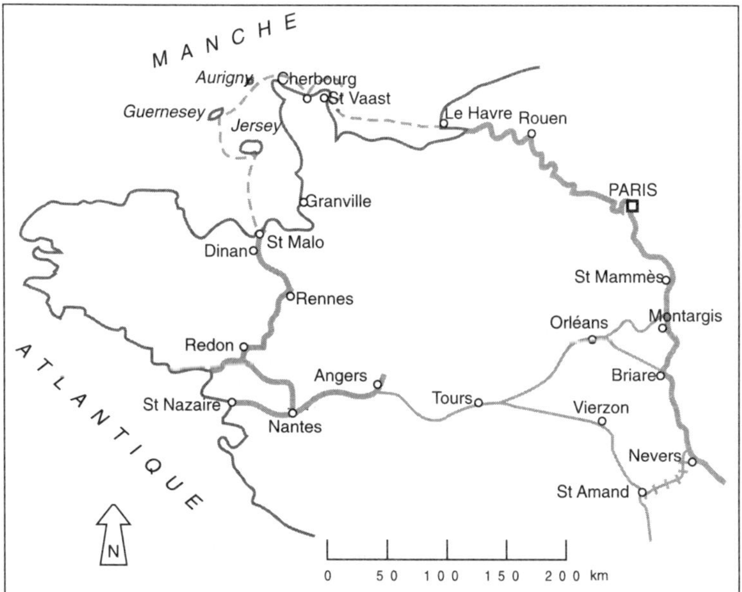

Paris Atlantique

accompagnent jusqu'à l'échelle des onze écluses de Hédé, où l'eau manque parfois. Rennes est triste, vue du canal, mais l'ancienne capitale des ducs de Bretagne conserve toutefois quelques beaux monuments dont le palais de justice du XVIIème siècle. C'est ici que commence la Vilaine, bien mal nommée, avec son cours varié sinuant des verts bocages à d'austères falaises de granit. Voici Pont-Réan et son vieux pont de pierre, puis Redon, belle ville du XVIIIème siècle où l'on croise le canal de Nantes à Brest. Ensuite, on peut aller à la voile, si le vent est favorable, jusqu'au barrage d'Arzal. Ne pas manquer le site de la Roche-Bernard, son agréable bassin de plaisance qui fait suite à un viaduc impressionnant. Passées l'écluse d'Arzal et ses centaines de mouillages en eau calme, l'Atlantique nous attend dans la baie de Quiberon, paradis de la plaisance en Bretagne-Sud. Vrai, quel dommage que le Blanchard soit si méchant !

Gréément marconi à plat-pont

CHAPITRE VIII
ESPOIRS

La voie fluviale, délaissée par une administration qui ne s'intéresse qu'au chemin de fer et (pour surtaxer l'automobiliste) à la route, périclite apparemment sans remède. Cà et là, en Bretagne, en Nivernais, en Bourgogne, quelques hommes passionnés, disposant de moyens infimes, réussissent à redresser une situation désespérée conduisant ailleurs au déclassement et, comme pour le canal de Berry, à la mort par comblement et effacement de la carte. Chaque année notre patrimoine de cours d'eau navigables, naguère le plus beau d'Europe avec près de dix mille kilomètres de long, s'étiole au rythme de la batellerie artisanale.

Bien sûr, on camoufle les faits en déclarant qu'il s'agit de "rentabiliser" le système au profit exclusif de quelques rares voies à grand gabarit (dont les travaux progressent d'ailleurs avec une infinie lenteur, le Rhône constituant une exception remarquable). La beauté est-elle rentable ?

En fait, le "plan d'aménagement des voies navigables" s'est transformé à l'été 1983 en un vague schéma, et le projet de réhabilitation du réseau, prévu au IXème plan et nécessitant un milliard de francs, disparaît à l'horizon des peut-être. Cela ne saurait étonner, puisque le budget fluvial français a été divisé en vingt ans par quatre et ne représentait plus en 1981 que 1,6 % de l'ensemble des investissements publics consentis au transport.

Bref, l'Etat est incapable d'assurer l'entretien des canaux. Pourquoi ne confierait-il pas cette mission à des entreprises privées, ce qui permettrait par exemple aux mariniers de couper, trans-

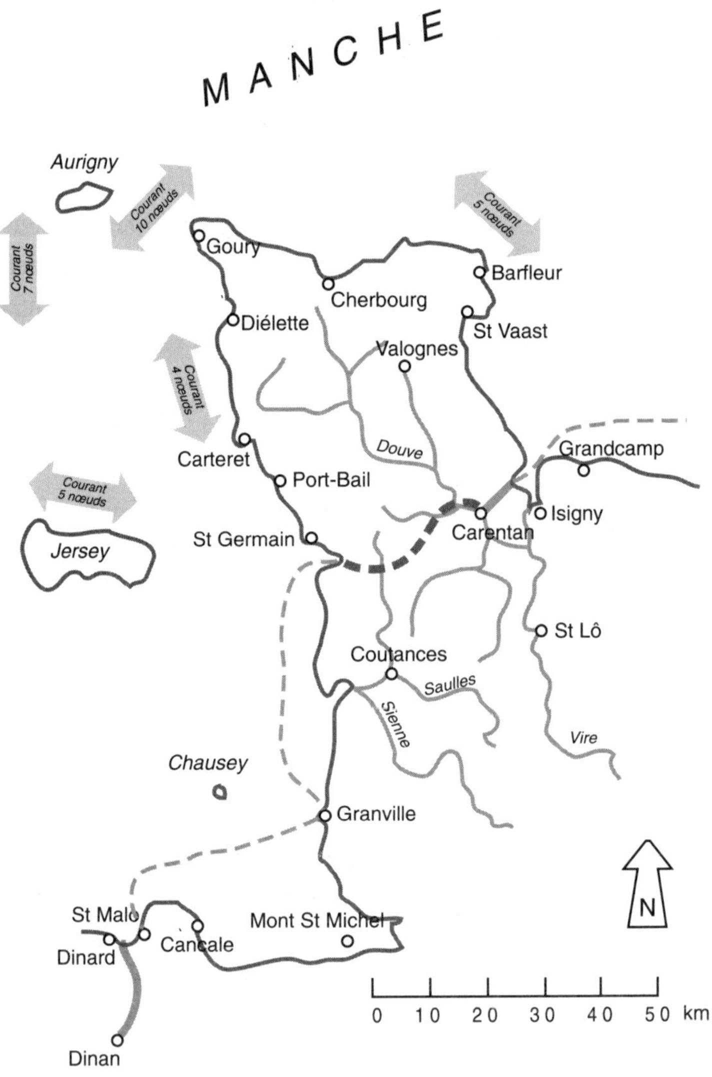

Le "Canal Napoléon"

porter et vendre le bois des arbres qui croulent le long des berges abandonnées et menacent la sécurité de la navigation ?
Il y aurait beaucoup à dire sur les programmes de liaison Seine-Est, Nord et Rhône-Rhin, mais ce n'est pas notre propos.
Ce qui nous intéresse au premier chef, nous plaisanciers, (mais aussi les mariniers), c'est de pouvoir commodément rejoindre le réseau fluvial de l'Ouest, à l'heure actuelle totalement enclavé.
Il n'en a pas toujours été ainsi et, jusqu'au XIXème siècle "gabares", "sapines" et "tirots" remontaient la Loire jusqu'à sa liaison avec la Seine par les canaux d'Orléans et de Berry.
A l'heure où l'on ne parle que de lutte contre le chômage (pas celui des canaux !) et de la course après les emplois précaires, il serait peut-être bon de concevoir et de réaliser quelque grand dessein, qui marquerait notre époque de couleurs autres que celles de la décadence et de l'abandon, tout en coûtant infiniment moins cher que, par exemple, la construction du tunnel sous la Manche.
Examinons ensemble deux réalisations possibles dont l'une modeste et l'autre plus grandiose.

1- LE "CANAL NAPOLÉON"

Pressé par les nécessités du blocus continental et soumis à la suprématie navale de l'Angleterre, l'Empereur Napoléon 1er a lancé les travaux de la liaison Manche-Atlantique, et notamment ceux des canaux bretons. Faute de temps, il n'a pu achever le creusement du canal trans-Cotentin, qui s'est réduit au percement du chenal de Carentan et à l'édification de l'écluse maritime du Haut-Dyck.
Pourquoi ne pas relancer maintenant l'achèvement de cet ouvrage, qui représente des investissements somme toute réduits ? Il ne

s'agirait plus désormais d'éviter pour la navigation le feu des canons anglais, embusqués des îles Saint-Marcouf aux Anglo-Normandes, mais bien de court-circuiter les "points noirs" du raz Blanchard et du passage de La Déroute, en reliant directement Le Havre à Granville et à Saint-Malo.

Rien de bien difficile en réalité. La dénivelée, dans ces terrains humides et marécageux, est faible (une dizaine de mètres par rapport au niveau de la mer) et ne nécessite pas de trains d'écluses : deux écluses d'extrémité (dont une déjà en service) et deux autres de partage des eaux suffiraient, l'approvisionnement en eau étant assuré en toute saison par la multitude des petits fleuves et rivières côtiers qui irriguent cette région. L'itinéraire lui-même, par la Douve et l'Ay, est déjà tout tracé et ne réclamerait, outre des travaux d'approfondissement, que le creusement de quelques kilomètres de canal de jonction, ce qui respecterait l'environnement naturel. Les frais d'expropriation et de mise au gabarit seraient donc peu élevés. Enfin, les entreprises de travaux publics et privés du département de la Manche ne seraient certainement pas mécontentes de l'attribution d'un tel chantier pour équilibrer leurs comptes et embaucher du personnel.

Ce "canal Napoléon", du nom de son inventeur, assurerait de la sorte le lien entre la baie du Grand Vey, trente kilomètres au sud de Saint-Vaast-la-Hougue, et le Hâvre de Saint-Germain, quarante kilomètres au nord de Granville : une simple promenade de santé ! Gageons que les communes concernées par ce projet ne perdraient pas à sa réalisation et que la presqu'île du Cotentin se consolerait facilement de sa propre transformation en île artificielle ! Bien entendu, cette déviation du trafic ne toucherait ni la navigation de haute-mer, ni la pêche des petits ports de la côte, qu'elle favoriserait plutôt, ni le rôle économique, militaire et même plaisancier de Cherbourg, qui conserverait naturellement sa fonction de tête de pont vers l'Angleterre. Nous ferions aussi l'économie de plusieurs naufrages et de coûteuses interventions d'assistance tous les ans.

2- DE LA SEINE À LA MAINE

Il est un autre projet, beaucoup plus ambitieux, pour raccorder les canaux bretons au reste du réseau français, et Paris à l'Océan Atlantique : c'est la réhabilitation de la Loire.

Nous savons déjà que, voici moins d'un siècle, des bateaux de rivière naviguaient entre Nantes et la capitale de façon habituelle. Quelles sont, de nos jours, les possibilités de navigation en Loire ? Pas brillantes. Le plus long et le plus beau des fleuves entièrement français, qui s'étend sur mille douze kilomètres, n'est à peu près accessible aux bateaux de faible tonnage que sur moins de cent cinquante kilomètres (en comptant son embouchure). Les barrages de Blois et de Saint-Laurent-des-Eaux sont peut-être efficaces pour la régulation des crues hivernales et encore n'est-ce pas sûr. Ce qui l'est en revanche, c'est qu'ils empêchent arbitrairement toute possibilité de parcours du fleuve dans sa partie la plus belle. Certes la Loire n'est pas un cours d'eau facile : les bancs de sable qui entravent momentanément son lit se déplacent au gré des violentes inondations d'hiver, qui succèdent aux basses eaux d'été.

Mais les possibilités de régularisation sont évidentes pour qui veut bien se donner la peine d'étudier la question. Les principaux affluents de la Loire sont des rivières déjà importantes et nombreuses telles que l'Allier, le Beuvron, le Cher, l'Indre, la Vienne, la Dive, et le Layon en rive gauche ; le Lignon, l'Arconce, la Bourbince, la Cisse, la Brenne, l'Authion et la Maine en rive droite. La Sologne marécageuse constitue pour sa part un vaste réservoir en cas de sécheresse. A qui fera-t-on croire que l'assè-

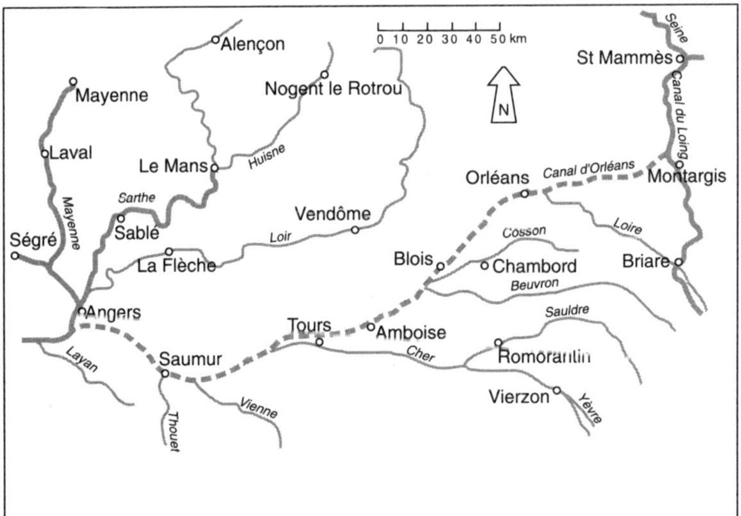

De Montargis à Angers

chement estival du fleuve est une fatalité contre laquelle l'aménagement ne peut rien ?

Le Rhône était un étalon autrement fougueux et difficile à dompter : il descend désormais sagement le gigantesque escalier de barrages-écluses que lui a édifié la Compagnie Nationale du Rhône.

Il est loin le temps où Pierre-Paul RIQUET réalisait à compte personnel les deux cent quarante kilomètres du “canal des deux mers”, futur canal du Midi, pour la plus grande gloire de son roi Louis XIV et la prospérité de son pays ; cela lui prit quinze ans et sa fortune, mais réussit.

De nos jours les mécènes et capitalistes de haut vol hésiteraient probablement à se lancer dans pareille aventure, qui représente la mise au gabarit et l'équipement d'environ trois cent cinquante kilomètres de voies d'eau sur une dénivellation de près de quatre-vingts mètres. En contrepartie, pas de frais d'expropriation ni de modification du paysage, et des travaux s'apparentant plus à un gros dragage qu'à un creusement puisqu'il s'agit d'utiliser les tracés déjà existants de la Loire moyenne et du canal d'Orléans. Bien entendu, pour rentabiliser (eh oui !) l'opération, car cette fois c'est possible, il faudrait mettre l'ensemble des voies considérées, y compris son aboutissement vers l'amont, le canal du Loing, au grand gabarit, pour aligner la Loire sur la Seine et l'Oise et la rendre utilisable par les convois poussés européens et les grands bateaux à passagers.

Qui pourrait donc être maître-d'œuvre d'une telle réalisation ? Là encore, tournons-nous vers le Rhône, ses trois cent dix kilomètres, ses cent soixante mètres de dénivelée et ses douze barrages - écluses.

Ce que la Compagnie Nationale du Rhône a réalisé en moins de vingt ans, une Compagnie Nationale de la Loire pourrait le réussir, et en un temps bien moindre si l'Etat, relayant les collectivités locales, décidait de consacrer à ces travaux un infime pourcentage de ce qu'il engloutit année après année dans les coûteuses réalisations et les salaires de la voie ferrée[27].

Indépendamment des évidentes retombées économiques pour l'ensemble du réseau fluvial considéré et des villes irriguées, cela en vaut la peine. Le fleuve traverse en effet l'une des plus belles régions, sinon la plus belle de notre pays, et la rendre navigable donnerait un formidable élan au tourisme, ressource majeure du "jardin d'agrément de la France". Traversant le Gâtinais, les vaux de Loire, de Touraine et d'Anjou, la Loire moyenne est jalonnée de cités célèbres et de châteaux prestigieux tels que : Orléans, Beaugency, Blois, Amboise, Vouvray, Tours et Saumur ; Chambord, Loches, Chinon et Angers sont à deux pas. Ce pays béni des dieux est celui de la douceur de vivre et de l'élégance "Renaissance", celui aussi de Rabelais, Ronsard et du Bellay. Mais il est également, pour ceux qu'intéresse l'histoire plus récente, le lieu d'implacables affrontements entre "Blancs" et

"Bleus" (les mouchoirs de Cholet), et des massacres de la Terreur (les noyades de Carrier à Nantes). N'oublions pas non plus l'un des rares épisodes glorieux de la débâcle de 1940 : le sacrifice des Cadets de Saumur pour empêcher le franchissement des ponts de la Loire par les armées allemandes. Actuellement, Saumur demeure un des temples de l'équitation où officient des "écuyers du Cadre Noir". Par ailleurs, l'éloge de la cuisine angevine n'est plus à faire, accompagnée de Gros Plant, vins de Chinon, Cabernet, Pineau et autres muscadets.

A partir d'Angers la Maine permet dès maintenant la croisière de plaisance sur l'Oudon, la Mayenne et la Sarthe, tandis que Nantes nous met en communication par l'Erdre avec tout le réseau breton et nous permet de remonter la Sèvre Nantaise.

Enfin l'embouchure soumise aux courants de marée s'ouvre sur les ports de plaisance du Pouliguen, de Pornichet, du Croisic et sur l'île de Noirmoutier.

Ce projet de grande liaison peut apparaître à certains du domaine de la rêverie et du souhait pieux : il ne l'est que dans la mesure où personne n'osera !

CHAPITRE IX
PASSAGES DANGEREUX

Le plaisancier qui, profitant d'une "année sabbatique", veut suivre les côtes pour un tour de France à la voile (et au moteur), doit savoir qu'il rencontrera inévitablement des zones difficiles à franchir, en raison des conditions météorologiques habituelles, de la force des courants, ou de l'éloignement des abris. En fonction de la taille et des qualités nautiques du bateau, de l'expérience de l'équipage, de la période de l'année et de... l'âge du capitaine, il y a des risques qu'il faut savoir refuser.
Le Pas-de-Calais et la Manche-Est sont des mers parfois rébarbatives où vents et brouillards, courants et bancs de sable, sans parler de l'importance de la circulation de gros tonnage, peuvent poser des problèmes de sécurité. Cependant, une bonne couverture météo permet d'y naviguer sans difficultés majeures, quitte à patienter quelque peu en attendant une période favorable.
Le raz Blanchard, les îles anglo-normandes et le passage de la Déroute doivent être, nous l'avons vu, considérés comme des zones dangereuses, à éviter dans la mesure du possible.
Il en est de même pour la pointe Saint-Matthieu et le raz de Sein. Une forte houle d'ouest déferle brutalement sur les semis de roches qui entourent Ouessant et Sein. Les courants atteignent six nœuds et mettent la mer en ébullition. Les "fortunes de mer" sont fréquentes dans ces parages mal famés (la baie des Trépassés !).
L'Atlantique est en temps normal plus maniable, bien que les courants du golfe du Morbihan, des pertuis de Noirmoutier et d'Oléron, et de l'embouchure de la Gironde ne soient pas à négliger.

La côte du golfe de Gascogne est à peu près infranchissable pour un petit ou moyen caboteur de plaisance. Les tempêtes sur ce littoral sont soudaines et d'une violence parfois dévastatrice. Le rivage est totalement inhospitalier entre Royan et le bassin d'Arcachon d'une part (cent vingt kilomètres), Arcachon et Cap Breton-Hossegor d'autre port (cent vingt kilomètres). De plus l'entrée du bassin d'Arcachon est impraticable par gros temps.
En Méditerranée, le danger se nomme mistral ou tramontane. Laissant trop souvent nos météorologues pantois, ces vents quelquefois furieux se rient des prévisions les plus savantes. Heureusement, à l'Est de Marseille, les abris sont nombreux et presque toujours aisément accessibles, ce qui permet de "se ramasser" à temps, au besoin à sec de toile.
Il en va différemment dans le golfe du Lion et surtout à l'embouchure du Rhône, où le rivage est inapprochable sur près de quatre-vingts kilomètres. La réalisation de Port-Gardian aux Saintes-Maries-de-la-Mer devrait améliorer la sécurité de navigation, sans toutefois résoudre entièrement le problème.
Enfin, la traversée vers la Corse, même à partir de Nice, n'est pas avec ses deux cents kilomètres entièrement faisable de jour. Si le mistral se lève la mer peut devenir très dangereuse aux environs du Cap-Corse. Pour ces raisons, nous excluons de notre catalogue la traversée directe vers l'île de Beauté, lui préférant le grand tour par le golfe de Gênes et l'île d'Elbe, ce qui ajoutera d'ailleurs une escale de choix à notre pèlerinage napoléonien !
A l'exception (toute provisoire, nous le souhaitons) de la façade occidentale du Cotentin, des variantes fluviales nous permettent de court-circuiter opportunément ces passages dangereux : la jonction Manche-Océan pour le Finistère, le canal du Midi pour la côte Gasconne, et le canal du Rhône à Sète pour le delta rhodonien. Nous sommes convaincus que l'utilisation habituelle en croisière plaisancière de ces dérivations sauverait un certain

nombre de vies humaines et permettrait aux différents moyens de sauvetage et à la SNSM[28] de se consacrer davantage à leur mission essentielle : le secours aux gens de mer professionnels.
Bien entendu, cette recommandation ne saurait constituer d'obligation pour quiconque et surtout pas de justification à la mise en chantier par les pouvoirs publics d'une réglementation supplémentaire. Nous pensons bien au contraire que les notions de construction et d'armement en première, deuxième, troisième, quatrième, cinquième et sixième catégories ne correspondent à rien de logique et qu'elles devraient être totalement revues dans le sens de la simplification, de la diminution des prix et de l'amé-

Passages dangereux et dérivations

lioration de la sécurité. Les normes actuellement en vigueur sont peut-être satisfaisantes au regard de l'administration mais, comme il arrive de plus en plus souvent, pas pour l'usager. Ne parlons pas des différentes catégories de permis mer et rivière, qui nous envoient barboter dans l'incohérence. Il serait peut-être temps de considérer le marin de plaisance comme un homme libre et responsable, et non pas comme un assujetti permanent ou un galopin attardé !

A TITRE DE CONCLUSION

De canot en bateau de croisière, de saut de puce en navigation internationale, de la réalité à l'espoir, nous avons franchi, peut-être trop rapidement, bien des étapes.
Le lecteur nous aura pardonné, nous l'espérons, quelques "coups de colère" qu'il n'est pas obligé d'approuver.
C'est que naviguer devient vite une passion et que rien d'important ne se réalise avec indifférence.

Si, au fil de cet opuscule, le plaisancier parisien ou banlieusard a perdu son complexe de terrien à l'égard du "mangeur d'écoute" breton ou provençal, nous avons gagné notre modeste pari. Il n'était pas question, en effet, d'opposer l'un aux autres, mais de tenter une synthèse sans prétention des différentes formes de cabotage, et de marier harmonieusement ce qui dans la nature est indissociable : la rivière et la mer, sans lancer d'exclusive ni sur le moteur, ni sur la voile.
Déjà et futurs patrons-plaisanciers, à vos macarons !

NOTES

(1) Barre à roue, pour un marinier.

(2) Un nouveau permis de navigation intérieure vient d'être mis sur pied en 1992, et la réforme du permis pour la mer, différent du précédent, est en cours.

(3) Les navires, suivant la croisière envisagée, doivent être équipés en 1ère, 2ème, 3ème, 4ème, 5ème ou 6ème catégorie.

(4) Service Hydrographique et Océanographique de la Marine.

(5) Cela n'a pas duré, bien entendu, et en 1992 a été instaurée une taxe spéciale pour les bateaux fluvio-canalesques, variable selon la surface du bateau, et la durée de la navigation.

(6) Au moins un grand mât haubanné, une grand-voile et un foc à fort élancement (pour les voiliers).

(7) Vers marins qui attaquent les coques.

(8) Partie immergée de la coque.

(9) En remontant de part et d'autre de la direction du vent.

(10) Cordages réglables servant à régler la courbure du mât de l'avant vers l'arrière.

(11) Qui change de bord à chaque virement, automatiquement.

(12) Petit mât et petite voile au tiers sur l'arrière du bateau.

(13) 1 852 mètres en une heure.

(14) Allure plus serrée que le vent de travers.

(15) Partie arrière de la quille.

(16) Allure proche du vent de travers.

(17) Les parcours décrits, dans ce chapitre comme dans les suivants, ont été effectués entre les années 1982 et 1992 : il se peut que certains détails ne soient plus à jour, ce que le lecteur nous pardonnera, nous l'espérons.

(18) Hélas ! en 1992 cette station-service a disparu.

(19) Habitants-propriétaires de péniches désaffectées.

(20) En septembre 1992, si les quais à l'aval du port sont toujours difficilement accostables, en revanche, le port de plaisance est, lui, bien aménagé, dragué jusqu'à 1 m 10 et accueillant.

(21) Arrêt de la circulation dans certains biefs, pour réparer les écluses et entretenir le chenal.

(22) Amplitude de la marée.

(23) Marée descendante.

(24) Un mille nautique égale 1 852 mètres.

(25) Règle-rapporteur de navigation.

(26) Descente, pour les mariniers.

(27) Bien évidemment, pour éviter le récent échec qu'a connu un projet de barrages d'irrigation sur ce fleuve, il faudrait consulter auparavant les représentants des communes, des riverains et des associations concernés.

(28) Société Nationale de Sauvetage en Mer.

TABLE DES MATIÈRES

— SCHEMAS ET CARTES —

— PHOTOS hors texte —

Achevé d'imprimer en mai 1993
sur les presses de l'imprimerie Edipub à Toulon

121 avenue d'Orient - 83100 Toulon
I.S.B.N. 2-87867-021-3